KB252267

녹색시민 구보 씨의 하루

녹색시민 구보 씨의 하루

녹색 시민 구보 씨의 하루

일상용품의 비밀스러운 삶

존 라이언 · 앨런 테인 더닝 지음 | 고문영 옮김

그물코

 # 이 책에 대하여

이 책에서 다룬 삶의 이야기는 구체적이라기보다는 포괄적이다. 이 이야기들은 특별한 물건의 생산 과정을 되짚어 추적하는 것에 기초를 두지 않았다. 예를 들어, 우리는 특정한 콜라 깡통을 골라 그 제조자와 배급업자, 공급자와 계약자에게 그것의 원산지를 묻는 방식을 취하지 않았다. 그 대신에 우리는 음료와 알루미늄 산업의 일반적인 경향을 다룬 여러 가지 보고서들을 읽고 전문가들로부터 의견을 들었다.

게다가 이 이야기들은 사실을 있는 그대로 묘사한 것이 아니라 여러 면모들을 합쳐서 새로 그려낸 것이다. 다시 말해 요소들을 해체해서 재구성한 것이다. 이 이야기들은 지구상에 실제로 존재하지 않지만 충분히 존재할 법한 어떤 가상 국가의 산업 평균 수준, 생산 경향, 그리고 그를 둘러싼

각 국가들 사이의 협업관계에 대한 폭넓은 연구에 기초하고 있다. 이 이야기들을 통해 우리들이 제시하려는 목표는 이 책의 주인공인 구보 씨처럼 지금 독자 여러분들도 현재 일상적으로 소비하고 있는 것들에 대한 대안적 소비가 가능하다는 사실을 알리려는 것이었다.

우리가 이렇게 할 수밖에 없었던 이유는 하나의 특정한 공장 생산품과 그것을 구성하는 재료의 배후를 추적하는 것이 현실적으로 어려웠기 때문이다. 이 책의 대상이 된 물건들을 만드는 회사들은 제품의 생산 과정에 대한 조사를 달가워하지 않았다. 그들의 침묵은 유명 상품들일수록, 또는 관계 공무원들의 주목을 받고 싶어하지 않는 상품을 생산하는 사람들일수록 특히 심했다. 그러나 그들이 내세우는 상표만 해도 아주 많은 정보들을 제공한다는 것이다. 결국 이 이야기들은 우리가 그 속에서 살아가고 있는 경제 활동과 지구가 어떤 상호 작용을 하고 있는가를 보여준다고 할 수 있다.

* 이 책에 나오는 모든 상황과 정보는 본래 미국인들을 위해 씌어진 것이었지만 번역 과정에서 한국적 상황과 정보로 바뀌었다.

54킬로그램 54kg

그의 이름은 구보, 그는 보통 시민, 보통 소비자이다. 오늘 그는 잠에서 깨어나자마자 소비 활동을 시작했다. 커피를 마시고, 아침을 먹었다. 또 신문을 읽었고, 옷을 입었으며, 회사에 출근했다. 오늘도 구보 씨는 평소와 똑같이 하루를 보냈다. 그러는 와중에 그는 물건들을 소비함으로써 세상 곳곳의 사람들에게 자신도 모르게 영향을 미치게 되었다.

이 책은 서울의 중산층에 속한 사람의, 허구적이지만 지극히 평범한 도시인의 하루를 보여준다. 그것은 그다지 특별하지도 않고 드라마틱한 일이 일어나지도 않은 그렇고 그런 날에 지나지 않는다.

구보 씨는 스스로를 소비자로 여겨본 적이 없다. 그는

낭비하는 생활 방식을 가진 적도 없지만, 그렇다고 해서 환경 문제를 걱정하는 데 많은 시간을 할애하지도 않았다. 물론 그는 다른 시민들처럼 재활용 운동에 동참하고 있다. 그의 집 마당에는 음식물 쓰레기통이 따로 놓여 있으며, 그는 다른 여러 가지 쓰레기들도 잘 분리해서 버리고 있다.

한국인들은 최근 환경 문제에 대해 더 자주 걱정을 하고 있다. 또한 그간 환경 운동가들이 많은 노력을 한 결과 그들은 부모 세대보다 환경 문제에 관한 더 많은 지식을 갖게 되었다. 아직 초보적인 상태이기는 하지만 대기 오염이나 수질 오염 등과 같은 환경 문제들이 시민 모두의 문제로 자리 잡았으며, 그 결과 극도로 오염되었던 자연 환경이 조금씩 개선되고 있다.

구보 씨는 최근에 잡동사니를 쌓아둔 지하실 창고를 청소한 적이 있다. 그곳에 쌓여 있던 잡다한 쓰레기들을 내버린 것은 기분 좋은 일이었다. 하지만 그 때문에 그의 등뼈는 일주일 뒤까지도 쑤시고 아팠다. 구보 씨의 인생이 남긴 그 오래된 물건들을 헤치고 먼지를 뒤집어쓰면서 창고를 정리한 것은 정녕 헛된 짓에 지나지 않았다. 물론 그 낡은 물건들을 그 장소에 쌓아둔 것 역시 헛된 일에 지나지 않았다.

한국인들은 매일 1인당 1킬로그램 정도의 쓰레기를 버린다. 그것은 그들이 하루에 소비하는 재화 전체에 비하면 얼마 되지 않는다. 한국인들은 매일 약 54킬로그램 정도의 자원을 소비한다. 이것은 그들의 평균 체중에 약간 못 미치는 무게이다.

낡은 페인트 깡통들을 단단한 박스 속에 넣고 있을 때 갑자기 구보 씨의 눈길을 끄는 것이 있었다. 그것은 지하실에 무엇이 어디에 들어 있는지를 한 눈에 알아볼 수 있도록 적어놓은, 나무로 만든 보드 뒤에서 떨어져 나온 작은 스티커였다. 스티커에는 〈MADE IN TAIWAN(타이완 제품)〉이라고 적혀 있었다. 그는 평생 그런 스티커를 수없이 보아왔다. 하지만 단 한 번도 그 의미가 무엇인지를 곰곰이 생각해 보지 않았다. 타이완, 타이완. 그것은 그저 스티커 위에 적힌 낱말 한 개가 아니다. 그것은 섬이다. 인정받지 못하는 국가이다. 진짜 사람들이 살아가는 곳이며, 한국에서 남쪽으로 바다를 가로질러야 갈 수 있는 곳이다.

그런 생각을 하자 갑자기 구보 씨는 주변에 있는, 지나치게 물건들이 많이 쌓여 있는 선반들이 완전히 다르게 보였다. 그는 거기에 쌓여 있는 물건들이 상점에서 왔고, 쓰레기차에 실려 매립지에 버려질 것이라는 환상에서 깨어났다.

선반 위에 있는 물건들은 지구상에 있는 온갖 국가들에서 실려왔으며, 구보 씨가 그것을 다 쓰고 나면 다른 어딘가로 실려갈 것이다. 그 모든 상품들은 원인과 결과의 발자취인 역사와 미래를 가지고 있다. 모든 상품들은 나름의 일생을 살아간다. 따라서 열심히 노력한다면, 그는 〈MADE IN ________〉이 적힌 스티커를 주변에 있는 모든 상품들, 그러니까 이쑤시개 병에, 스피커 장치에, 책꽂이 뒷면에 붙일 수 있을 것이다.

매일 자신의 몸무게에 약간 못 미치는 한국인들의 자원 소비량은 지구 곳곳에 닿아 있는 생산 네트워크를 통해 가능해진다. 그것들은 산간 오지, 장벽으로 가려진 산업 지대 또는 멀리 떨어진 나라들에서 생산되기 때문에 우리는 그것들이 얼마나, 어떻게 생산되는지를 알 수 없으며, 또 그것들이 우리의 삶에 얼마나 나쁜 영향을 끼치는지 알 수 없게 되었다.

구보 씨는 그의 삶과 함께 했던 많은 물건들이 어디에서 왔으며, 어떻게 만들어졌는지가 궁금해지기 시작했다. 커피 알갱이들, 신문지들, 음료수 캔들이 수없이 행로를 바꿔 구보 씨의 인생과 교차되는 지점으로 향했을 때, 그것들은 과연 세상을 가로질러 잔물결 치는 어떤 흔적들을 뒤에 남겼을까? 그리고 그와 같은 수백만의 사람들이 일상 생활을 하면서 그러한 물건들을 사용하는 것은 과연 어떤 결과를 초래하게 될까?

평균적인 한국인들의 인생 중 단 하루를 장식하기 위해 세상에서 일어나는 일은 놀랍고, 드라마틱하며, 심지어는 신경질이 나기도 한다. 거기에 세계 소비자 사회의 수십억 회원들이 곱해지면, 그것은 지구가 견뎌낼 수 있는 것보다 더 큰 스트레스를 줄 것이다.

그러나 꼭 그렇게 될 필요는 없다. 지구에 스트레스를 거의 주지 않는 다른 기술들, 좀더 균형 잡힌 생활 양식, 청정 산업, 개선된 법들과 같은 혁신은 우리의 일상 생활이 지구에 거의 해를 끼치지 않는 미래를 우리에게 약속할 수 있다. 물론 이러한 변화는 불가능해 보일 수도 있다. 그러나 사실은 전혀 그렇지 않다. 퍼즐을 맞출 때처럼 모든 필요한 조각들은 이미 거기에 있다. 그것들을 제자리에 끼워 넣는 데 노력이 필요할 뿐이다.

어떤 문제를 해결하기 위한 가장 첫번째 단계는 그것을 인식하는 것이다. 구보 씨는 자신의 인생에서 마주친 물건

들을 새로운 방식으로 바라보기 시작했고, 그가 그것들의
감춰진 삶의 방향을 바꿀 수 있음을 배우기 시작했다.

❯ 경고!

　　한 번에 지나치게 많은 일용품들을 소비하는 것은 당신
에게 해로울 수도 있다. 이 책의 초고를 읽은 사람들은 우리
가 흔히 사용하는 물건들이 어떻게 만들어졌는지를 알고 난
뒤에 당황하거나 절망감에 빠졌다고 고백했다. 필자들 역시
우리가 쓴 이 책을 다시 읽었을 때 그런 감정을 느꼈다. 그래
서 우리는 내용을 가볍게 하려고 애썼다. 전문 기술과 관련
된 세부 사항들을 과감하게 들어내고 대안이나 재미있는 에
피소드, 한두 개 정도의 농담 등을 부각시켰다. 그러나 일용
품이라는 말은 아직도 감정적인 효과를 가지고 있다. 세계
화된 경제 속에서 우리가 지구에 끼치는 영향을 생각하면 정
녕 신경질이 난다. 그러니 독자 여러분은 페이스를 조절하
면서 천천히 읽어야 할 것이다. 필요하다면 건너뛸 수도 있
어야 할 것이다. 여러분들이 알게 모르게 소비하는 일용품
들에 대해 좀더 자세히 알기를 바라고, 그것을 반성적으로
성찰할 수 있기를 희망해야 할 것이다. 그러나 그것은 전혀
기쁘지 않을 것이고, 다만 끔찍한 경악만을 불러일으킬 것
이다.

커피Coffee

따르릉 소리는 결코 사라지지 않을 것이다. 구보 씨는 눈을 뜨지 않은 채 자명종의 버튼을 눌렀다. 그 순간부터 그의 머릿속은 오직 하나의 생각으로 가득 찼다. 커피.

원두

구보 씨는 그가 평소에 즐기는 원두 커피 한 잔을 만들기 위해 부엌으로 비틀거리며 나아갔다. 한 잔의 커피를 뽑으려면, 그 해 커피나무 한 그루에서 자란 원두의 60분의 1 정도인 약 100개의 원두가 든다. 구보 씨의 커피를 위해 자라난 커피나무는 남아메리카 대륙의 콜롬비아에 있는 작은 산간 농장에 있다. 커피 농장이 있는 콜롬비아의 안티오키아 지역에서는 19세기 말에서 20세기 초에 이르는 짧은 기간 동안 울창한 원시림 대부분이 사라졌다. 비옥한 계곡 주변은 소를 방목하는 목장 주인들에 의해, 산등성이 지역은 커피와 과실수를 재배하는 가난한 농부들에 의해 파괴되었다. 콜롬비아의 숲은 생물학적으로 엄청난 중요성을 가지고 있다. 콜롬비아는 지구 표면의 1퍼센트도 차지하지 못하는 작은 나라이지만, 그곳은 세계 식물 종 전체의 18퍼센트에 해당하는 수많은 식물들의 원산지이다. 조류의 경우, 가장 많은 종류의 새들이 이곳을 고향으로 하고 있다.

밀집되고 잘 손질된 커피나무들이 강렬한 열대성 태양 아래에서 자라며 점차 이 자연의 보고를 뒤덮고 있다. 20세기 대부분의 기간 동안, 커피나무는 큰부리새에서 캐나다 휘파람새에 이르는 수많은 새들이 둥지를 틀고 있던, 키가 큰 과실수와 활엽수들의 그늘에서 자라났다. 그러나 1980년대부터 농장 주인들은 그러한 나무들 대부분을 잘라내고, 수확량이 많은 새로운 커피나무들을 재배하기 시작했다. 물론 이를 통해 그들은 커피의 수확량을 크게 증가시켰다. 그러나 그것은 토양의 부식을 극심하게 만들었고, 키 큰 나무들에 서식하던 수많은 새들을 멸종시켰다. 생물학자들의 보고에 따르면, 이 새로운 커피 경작지에서는 전통적인 커피 경작지의 겨우 5퍼센트에 해당하는 새들만이 발견되었다. 95퍼센트에 이르는 새들이 사라진 것이다.

> **꿀꺽꿀꺽!!**

구보 씨는 하루에 두 잔의 원두커피를 마신다. 올해에 그는 약 9킬로그램의 원두 알갱이로부터 만들어진 130리터의 자바산 커피를 끓일 것이다. 콜롬비아의 농장은 그의 기호를 충족시키기 위해 12그루의 커피나무를 돌보아야 한다. 농장 노동자들은 그를 위해 한 해 동안 약 5킬로그램의 화학비료를 쓰고, 약간의 살충제를 뿌릴 것이다. 콜롬비아의 강들은 구보 씨가 소비할 커피 원두를 만들기 위해 벗겨진 19.5킬로그램의 겉껍질 부피만큼 팽창할 것이다.

커피는 세계 제2위의 합법적 무역량을 기록한 생필품이며(1위는 석유이다), 중남미의 개발도상국가들에게는 가장 강력한 외화 획득 수단이기도 하다. 미국은 세계 커피의 약 5분의 1을 소비한다. 상대적으로 뒤늦게 커피를 마시기 시작한 한국의 경우에는 1인당 하루에 9.65그램의 각종 커피들을 소비한다.

새들의 번식지가 없어지고 천적들이 사라지자 해충들이 급격히 번식했다. 그러자 커피 농장의 주인들은 살충제 사용을 증가시켰다. 짧은 바지와 간편한 셔츠를 입고 출렁거리는 농약 가방을 맨 농장 노동자들은 독일의 라인 강 계곡에서 합성된 살충제를 몇 차례 나무에 뿌렸다. 그 독성이 강한 화학 약품의 일부는 노동자들의 폐에 들어갔고, 나머지는 살포되어 흩어진 후 식물들과 동물들에게 흡수되거나 물에 씻겨 내려갔다.

하루에 천 원도 채 벌지 못하는 노동자들은 손으로 구보 씨가 마실 커피 열매를 따고, 그것을 겉껍질을 벗겨내는 디젤 엔진의 분쇄기에 넣는다. 강렬한 열대의 태양 아래에서 건조된 원두 알갱이들은 약 60킬로그램짜리 자루에 담겨 배로 인천항까지 긴 여행을 시작한다. 그러나 원두 알갱이 500그램을 만드는 과정에서 약 1킬로그램의 겉껍질이 강에 버려진다. 그 겉껍질들은 부패하면서 강에서 물고기가 필요한 산소를 소모한다.

➤ 커피나무

대부분의 커피나무들처럼, 그 나무는 1721년에 카리브 해 지역에 들여온 자바산 종자에서 유래했다. 이 종자는 에티오피아의 숲 속에 있던 커피아(Coffea) 관목에서 개량된 것이다. 1970년 아프리카 녹병(rust)의 포자가 바람을 타고 브라질에 상륙했고, 북쪽으로 퍼져나가기 시작했다. 그것은 라틴아메리카 커피 산업에 패닉 상태를 불러일으켰다.

그러자 커피 농장 주인들은 커피나무의 원산지인 남서 에티오피아의 숲으로 찾아갔다. 거기에서 그들은 그때까지 알려진 33가지의 녹병(라로야) 중 27가지에 저항성을 가진 야생종을 찾아냈다. 그들은 상업적 기대감과 일말의 불안과 긴장을 안고 남미로 돌아왔다.

남미 각국의 정부들은 그 야생종들을 농장에서 〈시험 재배〉함으로써 녹병에 대한 대응책을 마련하고자 했다. 그들은 기존 커피 농장에 있던 키 큰 나무들을 잘라낸 후, 새로운 야생종들을 도입하고, 화학 물질 사용을 부추겼다. 그러나 녹병은 생각했던 것만큼 널리 퍼져나가지 않았다. 아마도 남미 고산 지대의 추운 기후와 건조한 계절이 그들의 성장을 제한했기 때문일 것이다.

구보 씨의 커피를 운반한 화물선은 일본에서 만들어졌으며, 베네수엘라에서 생산된 석유로 운행되었다. 일본의 조선소는 한국산 강철로 그 화물선을 만들었고, 한국의 제철소는 오스트레일리아 서부 헤머슬리 산맥의 원주민 구역에서 채굴된 철광석을 사용했다.

경기도 남부의 한 공장에 도착한 원두들을 노동자들이 거대한 통에 넣고 약 섭씨 200도의 온도에서 13분 동안 볶았다. 원두를 볶는 기계는 열을 가하기 위해 사우디아라비아 또는 쿠웨이트의 한 유전에서 채굴된 원유에서 뽑아낸 기름을 이용했다. 다 볶은 원두들은 폴리에틸렌, 나일론, 알루미늄박, 폴리에스테르를 성분으로 하는 네 겹의 용기에 포장되었다. 그리고 기름 1리터에 약 20킬로미터를 가는 디젤 엔진을 장착한 대형 트레일러에 실려 서울 근교의 한 창고로 운반되었다. 그 후 약간 작은 트럭이 포장된 커피 용기를 구보 씨 집 부근의 쇼핑 센터에 가져다 놓았다.

종이 가방

구보 씨는 그 커피 원두를 커다란 갈색 종이 가방에 넣어 쇼핑 센터 밖으로 가지고 나왔다. 그 가방은 표백하지 않은 종이를 이용해 중국의 한 공장에서 만들어진 것이다. 아내와 함께 쇼핑 센터에 갈 때 구보 씨는 보통 장바구니를 가지고 가지만 이번에는 깜빡 잊어버린 것이다. 그는 커피를 비롯한 각종 생필품이 담긴 종이 가방을 자동차 트렁크에 싣고 집으로 돌아왔다. 집에서 쇼핑 센터에 갔다오는 약 10킬로미터의 길에서 1리터 정도의 가솔린이 소모되었다.

분쇄기

부엌에서 구보 씨는 경기도 북쪽의 한 작은 공장에서 생산된 일회용 플라스틱 계량 스푼으로 커피 원두들을 적당히 덜어 분쇄기에 넣었다. 이 분쇄기는 철, 알루미늄, 구리, 플라스틱 부품 등을 이용해 중국에서 조립 생산되었으며, 강원도에 있는 대형 수력 발전소에서 만들어진 전기로 작동된다.

구보 씨는 독일에서 생산된 철에 러시아에서 채굴된 금으로 도금한 스위스제 여과기에 가루가 된 커피를 담았고, 그 여과기를 커피 머신에 넣었다.

물

구보 씨는 커피 머신 안에 200밀리리터의 물을 부었다. 그 물은 근처의 정수장에서 상수도관을 통해서 그의 집까지 왔다. 원래 그 물은 북한강 상류의 팔당댐 수원지에 저장되어 있던 것이다. 물의 온도가 섭씨 100도 이상이 되면, 그 물은 통에서 끓어올라 커피를 담은 곳으로 흘러 들어가서 알갱이를 녹이기 시작한다. 잠시 후 커피와 섞인 따뜻한 물은 아래쪽에 받쳐둔 유리 용기 안으로 뚝뚝 떨어져 고였다. 더 이상 물이 떨어지지 않자 구보 씨는 유리 용기를 꺼내 바닥에 〈MADE IN CHINA〉이라고 작게 쓰여진 머그잔에 부었다. 그리고 나중에 구보 씨는 그가 마신 양보다 훨씬 더 많은 양의 물을 들여 그 컵을 닦았다.

설탕

구보 씨는 작은 숟가락으로 두 번 설탕을 넣었다. 이 설탕은 과거에는 참억새풀 습지였던, 플로리다 주 오키오비 호 남쪽에 있는 사탕수수밭에서 왔다. 이 습지를 가로질러 플로리다 주로 흐르던 강물은 이제 운하로 흘러 들어가거나 직접 바다로 방출된다. 또 이 물은 들판에 뿌려져 영양분과 살충제 성분이 뒤섞이기도 한다. 이곳에 있는 에버글레이드 국립 공원에 사는 척추동물들의 수는 지난 100여 년 동안 약 75퍼센트에서 95퍼센트까지 줄었다.

크림

구보 씨는 30그램 정도의 크림을 커피에 넣어 휘저었 다. 이 크림은 강원도 대관령 주변의 산간 계곡에 방목된 젖 소들로부터 만들어진 것이다. 젖소들은 물을 마시고 물가 쪽의 풀을 뜯기 위해 자주 시냇물을 건넌다. 그 결과 물이 따 뜻해지고, 진흙이 많아져서 물 속에서 물고기들이 살기 힘 들어졌다.

쓰레기

소의 배설물에는 질소와 인이 풍부하다. 목장 바닥에 깔린 흙이 그 모든 양분을 흡수할 수 없기 때문에 비가 내릴 때마다 배설물들은 빗물에 씻겨 시냇물로 흘러든다. 배설물 에 섞여 있는 수많은 영양소들은 플랑크톤과 물풀들을 웃자라게 한다. 배설물이 썩어가면서, 또 플랑크톤과 물품들이 웃자라면서 이전보다 훨씬 많은 산소들을 소비했고 물고기들은 숨쉬기가 더 어려워진다.

모닝 커피 한 잔을 마시고 나서 2시간 후에 구보 씨의 몸은 커피 성분들을 변형시켜 처리했다. 대부분의 물과 약간의 양분은 하수도로 흘러들어 간다. 그것은 그곳에서 다른 유기적, 무기적 쓰레기들과 섞이고, 그 상태로 한강 하류에 있는 하수 처리장에 이르기까지 땅 밑으로 이동한다.

하수 처리장에서 건더기들은 쇠 그물로 걸러지고, 침전물 탱크에서 압축되고, 박테리아에 의해 잘게 부수어진 후 마지막으로 염소로 살균된다. 그곳에서 일하는 기술자 한 사람이 하수 침전물들이 농업용으로 사용해도 될 만큼 깨끗해졌다고 판단하자 한강 하류에 있는 평야 쪽의 농업 용수관으로 흘려보낸다. 그리고 살충제와 토양 성분의 세례를 받은 그 물들은 다시 한강을 거쳐 황해 바다로 흘러들어 간다.

♻ 녹색 시민들이 해야 할 일

- 그늘에서 자란 커피나무로 만들어진 커피를 찾아라. 키가 큰 나무들의 그늘 아래에서 자라는 커피는 화학 물질들을 거의 필요로 하지 않거나 아주 소량만을 필요로 한다. 낙엽들이 토양에 양분을 제공하고, 다양한 나무들

은 새들에게 이득이 되며, 병충해의 위험을 줄여준다. 유기농법으로 생산되었다고 분류 표시된 많은 커피 브랜드들이 판매되고 있다.

- 지역으로 가라. 유기 농산물인 녹차는 화학 물질을 사용하지 않고도 생산되며, 커피보다 가공과 운반에 훨씬 적은 에너지가 들고, 지리산 자락에서 청정하게 생산되고 있다. 커피에 포함된 카페인은 당신을 흥분시키고, 당신의 치아에 얼룩을 남긴다. 녹차에도 카페인은 들어 있지만 그것을 상쇄할 수 있는 좋은 성분이 수없이 많이 들어 있다.

신문 Newspaper

구보 씨는 조간 신문을 가져오려고 커피가 담긴 머그잔을 내려놓았다. 현관문을 열자 고무 밴드로 봉해진 채 비닐에 담겨 있는 신문이 보였다.

2그램의 석유와 콩을 원료로 하는 잉크로 뒤덮인 신문은 약 220그램의 무게가 나간다. 신문 전체에서 약 절반의 페이지와 잉크는 광고에 할애되고 있다.

나무

신문 용지는 대부분 폐지들을 이용해 만들지만, 부족한 부분은 벌목한 나무를 이용하여 제조한 펄프로 만들어진다. 그 나무는 대부분 캐나다의 브리티시 콜롬비아 지역에서 자라는 약 150년쯤 된 가문비나무와 전나무이다. 캐나다는 세계 최고의 인쇄 용지 생산 국가이며, 그 중에서도 브리티시 콜롬비아는 세계 인쇄 용지 총량의 5퍼센트를 책임지고 있다.

시간당 1만 2천 원의 급료를 받는 벌목 노동자들은 산 속의 가파른 경사면에서 전기톱을 이용해 나무들을 쓰러뜨린다. 그나마 그들은 직장을 가진 행운아들이라고 할 수 있다. 1980년대 내내 많은 사람들이 기계가 더 많은 일을 할 수 있다는 이유로 정리 해고를 당했다. 1980년에서 1990년까지 브리티시 콜롬비아 지역에서 벌목 산업에 종사하는 사람들의 수는 벌목 양이 16퍼센트나 증가했는데도 3분의 1로 감소했다.

숲 속 한가운데를 흐르는 작은 개울의 양쪽 50미터 정도를 제외하고 벌목 노동자들은 40헥타르 면적 안에 속해 있는 모든 나무를 잘라낸다. 야생 밀림에 대한 벌목은 브리티시 콜롬비아 지역에서 이루어지는 벌목의 90퍼센트를 차지한다. 카리부 산맥 내의 일부 벌목 지대는 지구 밖에서도 볼 수 있을 만큼 넓어졌다. 몇 년 전 뉴욕에 출장을 갔을 때 남는 시간 동안 이 지역으로 여행을 갔던 구보 씨는 현지인들이 이렇게 말하는 것을 보고 깜짝 놀란 적이 있다. "산을 정해. 그리고 밀어버려!"

벌목 길

덜 자라서 가느다란 나무 위쪽 부분과 옆으로 뻗어 나온

나뭇가지들을 톱으로 잘라낸 후, 안전모를 쓴 벌목 노동자들은 나무 몇 그루에 끈을 대고 단단히 묶는다. 그러면 디젤 엔진을 단 대형 야더 집재기가 그들을 끌고 경사면에 〈나뭇길〉을 남기며 내려간다. 그때마다 진흙과 돌덩이들이 시냇물 쪽으로 굴러 떨어진다. 산밑까지 내려온 통나무들은 바퀴가 열여덟 개 달린 납작한 대형 트레일러에 차곡차곡 실린다. 나무가 가득 차자 트럭 운전사는 12단 기어를 이용해 스파게티처럼 비틀어진 먼지 많은 길 위를 뚫고 나간다. 그는 프레이저 강 옆에 있는 한 마을의 목재 공장로 나무들을 싣고 간다. 프레이저 강은 세계 최고의 연어 생산지이다. 그러나 벌목과 도로 포장 등 지난 한 세기 동안 일어난 급격한 변화의 영향으로 인해 연어 생산량이 80퍼센트나 줄었다.

비가 내리자 나무가 끌려 내려가면서 붉은 속살을 드러낸 땅에서 많은 양의 진흙과 돌멩이들이 시냇물 속으로 흘러 들어 가고, 시냇물 속의 모래톱 속에 있던 연어 알들을 질식시킨다. 브리티시 콜롬비아 지역에는 지구를 여섯 바퀴나 돌 수 있을 정도로 긴, 약 90만 킬로미터의 벌목 길이 뚫려 있다. 브리티시 콜롬비아 주 정부 산림청은 물고기와 야생 동물들의 피해를 줄이기 위해 매년 5천 킬로미터씩 벌목 길을 제거할 계획이다. 하지만 매년 생겨나는 새로운 벌목 길은 그 두 배에 이른다.

목재 공장에 도착한 원목들은 기계를 이용해 작은 조각으로 바뀐다. 반은 땔감용이나 건설용 나무로 바뀌고, 나머지 반은 나무토막이나 톱밥이 된다. 나무를 자르는 과정에서 나오는 이 찌꺼기는 근처에 있는 펄프 공장으로 수송된다. 나무 찌꺼기가 도착하면 펄프 공장에서는 그것을 프레이저 강물과 섞어 누르스름한 섬유질의 펄프를 만든다. 두 공장은 브리티시 콜롬비아 지역 북동쪽에서 북극해로 흘러나가는 피스 강의 거대한 댐에서 발전된 전기를 이용한다. 〈기계 펄프〉는 95퍼센트의 나무 찌꺼기를 펄프로 변모시킨다. 이 펄프들은 시간이 지나거나 햇빛에 노출되면 산화되어 누렇게 변하는 낮은 등급의 종이를 만드는 데 쓰인다. 일단 펄프가 만들어지고 나자 펄프 공장의 노동자들은 펄프에 과산화수소를 넣어 살짝 표백시킨다.

구보 씨의 신문에 들어 있는 종이 중 일부는 다른 지역에 있는 숲에서 벌목한 나무로 만들어진다. 그것은 브리티시 콜롬비아 주의 밴쿠버 아일랜드 지역에 있는 한 공장에서 나온 펄프로 만들어진 것이다. 제지업자들은 기계 펄프에 크라프트 펄프를 첨가해 종이를 더 질기고 튼튼하게 만든다(크라프트는 강함이라는 뜻의 독일어이며, 크라프트 펄프를 만드는 공정은 다른 펄프보다 길고 질긴 섬유질을 만들 수 있다). 크라프트 펄프를 만드는 과정은 300년 정도 된 붉은 삼나무와 북미산 소나무를 벌목하면서 시작된다. 이 나무들은 브리티시 콜롬비아 지역 해변에 있는 울창한 숲에서 벌목된다. 여행 중에 구보 씨는 작은 배를 타고 이 해안선을 따라 올라간 적이 있다. 이 해안 지대는 너무나 아름다웠다. 그러나 그 해안의 풍경을 이루는 나무들은 매년 수만 그루씩 사라지고 있으며, 그는 더 많은 나무들이 사라지기 전에 이 지역에 한번 더 가보았으면 하는 소망을 가지고 있다.

트럭은 잘린 통나무들을 싣고 진흙 벌목 길을 지나 해안까지 간다. 기다리고 있던 예인선이 다시 나무들을 벤쿠버 섬의 목재 공장까지 수송한다. 그 목재 공장에서 나온 작은 나무토막들과 톱밥들은 수집되어 근처에 있는 펄프 공장으로 운반된다. 펄프 공장에서는 그것들을 수산화나트륨과 황화 나트륨을 이용해 녹여서 펄프로 만든다. 이 화학 물질들은 그렇게 특별히 유독하지는 않지만, 펄프 공장이 있는 마을 주변에 썩은 달걀에서 나는 것과 같은 냄새가 가득 차도록 만든다.

엄청나게 커다란 용기에서 12시간 정도 지난 후, 조밀하게 뭉쳐져 있던 나무 섬유들은 하나씩 분리되어 떨어져 펄프로 변한다. 거대한 그릇에 담긴 죽처럼 보이는 이 펄프는 옹이처럼 녹아 내리지 않은 나무 조직들을 분리해 내고, 그

것을 만드는 데 쓰인 화학 물질들을 제거하기 위해 세척된
다. 그 펄프 공장은 자사에 들어온 나무의 절반을 펄프로 만
들고, 나머지 절반은 전기를 만들어내기 위해 불에 태운다.

표백

슈퍼에서 사용하는 갈색 봉투처럼 잘 찢어지는 크라프
트 펄프는 다시 산화염소로 표백된다. 이 과정에서 리그닌
과 같은 페놀계 화합물이 염소와 반응하여 강력한 발암 물질
인 다이옥신을 생성한다. 다이옥신은 암을 유발할 뿐만 아
니라 면역 체계를 파괴시키고, 돌연변이를 일으키고, 생식
장애를 가져오기도 한다. 브리티시 콜롬비아의 펄프 공장들
은 다이옥신에 대한 논란이 일자 1980년대 후반부터 다이옥
신 배출 억제를 위한 표백 과정에서 염소 대신 이산화염소나
과산화수소를 사용하는 등의 각종 조치를 취했다. 그러한
노력으로 인해 다이옥신의 평균 방출량은 1990년부터 1993
년까지 85퍼센트나 줄어들었다.

❯ 당신의 선택

유럽의 소비자들은 펄프 공장에서 나오는 다이옥신과
같은 독성 물질을 억제하도록 캐나다 정부에 긴급하게 요청
했으며, 그와 함께 염소를 전혀 사용하지 않은 종이를 사용

할 것을 주장했다. 또한 그들 지역 내에서는 염소를 사용한 펄프의 표백 과정을 극히 엄격하게 제한했다. 캐나다의 수출용 펄프 산업은 외국 시장의 취향 변화에 굉장히 민감했다. 그러자 몇몇 펄프 공장들은 유럽 시장을 겨냥해서는 염소를 전혀 사용하지 않은 종이를, 나머지 시장에는 염소로 표백된 펄프를 만들어 납품했다.

한편, 미국 캘리포니아 주 의회는 2000년까지 신문 용지에 적어도 50퍼센트의 재생지를 포함해야 한다고 결의했다. 그러고 나서 그들은 그 결의안을 미국과 캐나다 각지에 있는 제지 공장에 통보했다.

어쨌든 두 군데의 펄프 공장에서는 나무의 섬유질을 하루치의 신문에 들어가는 만큼의 펄프로 만들기 위해 가정용 냉장고를 2시간 동안 가동시킬 수 있는, 시간당 약 0.3킬로와트의 에너지를 쓴다. 그 에너지의 일부는 공장의 소각로에서 태운 나무 찌꺼기에서 나온다. 나무는 타는 과정에서 열과 연기를 발생시키고, 기후를 바꾸는 온실 효과의 주범인 이산화탄소를 내보낸다. 브리티시 콜롬비아 지역에서 벌목된 나무 밑동에서 자라는 묘목들이 그 이산화탄소의 일부를 흡수할 것이다. 그러나 300년 된 나무들이 신문 용지로 바뀌며 방출된 이산화탄소를 완전히 흡수하기도 전인 60년

후에는 이 나무들 역시 다시 벌목될 것이다.

그러나 대부분 기계 펄프를 이용하는 신문 용지는 다른 종류의 종이들보다 낮은 환경적 영향을 끼친다. 기계 펄프를 만드는 것은 크라프트 펄프를 만드는 것보다 적은 에너지와 물을 쓸 뿐만 아니라 화학 약품들도 적게 소비한다. 기계 펄프로 만든 종이는 염소로 표백되지 않으며, 다른 종이들보다 잉크를 적게 요구하고, 재활용하기도 훨씬 쉽다. 이것이 바로 폐지 업체에서 신문 용지를 분리 수거해 가는 이유이다.

폐지의 재활용

두 군데의 공장에서 나온 펄프는 한국의 부산항까지 수송된다. 태평양을 건넌 엄청난 양의 펄프는 전라북도의 한 도시 근교에 있는 제지 공장에서 신문 용지로 바뀐다. 공장은 한국에서 쓰이는 신문 용지의 절반 정도를 책임지고 있다.

제지 공장은 전국에서 수거된 폐지들로 만들어진 95%의 재생 펄프와 5%의 수입 펄프를 섞어서 새로운 신문 용지를 만든다. 전국 각지를 돌아다니는 트럭들이 주택 또는 아파트 단지의 분리 수거함에서 폐지들을 수거한다. 폐지의 또 다른 중요 공급처는 서점이나 가판대에서 회수된 팔리지 않은 신문이나 잡지들이다. 신문사들과 잡지사들은 예상 독자 수보다 훨씬 많은 양의 신문과 잡지를 찍어낸다. 그들 대부분은 쓰레기 매립지로 향한다.

재생 펄프를 만드는 첫 과정은 따뜻한 물과 화학 약품이 들어 있는 탱크에 각종 폐지들을 넣고 거대한 칼날들로 휘젓는 데에서 시작한다. 화학 약품에서 나온 물질들은 종이에서 잉크를 제거하며, 종이에서 떨어져 나온 잉크는 탱크 안에 있는 공기 방울에 붙어 크림처럼 표면으로 떠오른다. 그러면 기계가 그것들을 걷어내기 시작한다. 그 과정에서 대부분의 폐지는 펄프로 되돌아가지만, 섬유질과 잉크를 포함한 15퍼센트 정도의 폐지는 걸러지거나 침전물이 되어 쓰레기 매립지로 향한다. 재생 펄프를 만드는 과정은 종이의 섬유질을 약하게 하기 때문에, 신문 용지는 겨우 서너 번 재활용될 수 있을 뿐이다. 그러고 나면 그것은 새 펄프로 대체된다.

인쇄

제지 공장에서는 여러 공정을 거쳐 펄프로 종이를 만들고, 그것을 넓이 약 1.5미터, 높이 약 1.3미터, 무게 약 1톤의 거대한 두루마리 형태로 말아 신문사에 공급한다. 18개의 바퀴가 달린 대형 트레일러가 밤새 고속도로를 달려 서울 도심에 있는 신문사의 인쇄소로 종이를 옮긴다. 이 용지는 그 날 저녁 늦은 시각에 다음날 신문을 인쇄하는 데 쓰일 것이다.

두루마리가 제 위치에 놓이자 고속 윤전기는 검은색 잉크와 컬러 잉크를 적절하게 쓰면서 각종 정보들을 인쇄하기 시작한다. 윤전기에서 쓰는 검은색 잉크는 합성 수지에 식물성 기름과 석유를 적절하게 첨가한 물질에 검은색을 내기 위해 미량의 탄소를 섞어서 만든 것이다. 또 컬러 잉크는 중국에서 수입한 콩기름 33퍼센트와 석유 화학 물질을 이용한 미량의 색소를 섞어 만든 것이다. 그 잉크를 신문사에 판매한 공장은 경기도 북부의 한 도시 근처에 공장을 가지고 있다.

인쇄된 신문은 경유로 움직이는 소형 트럭에 실려 구보 씨의 집 근처에 있는 신문사의 지국으로 배송된다. 지국의 배달 사원들은 새벽에 오토바이에 싣고 다니면서 신문을 가정으로 배달한다. 배달 사원은 신문을 집 앞 현관문을 향해 던지고는 오토바이 소리를 내면서 사라진다. 새벽에 비가 온 까닭에 신문은 석유를 원료로 중국에서 만들어진 고무줄로 입구를 묶은, 전라남도의 한 해안 도시에서 생산한 투명한 비닐 봉지에 싸여 있었다. 구보 씨는 고무줄은 따로 보관했고, 비닐 봉지는 즉시 쓰레기통에 버렸다.

식탁으로 돌아온 구보 씨는 1면부터 신문을 읽기 시작했다. 그는 만평을 읽다가 낄낄대기도 하고, 사회면에 실린 몇몇 기사에 흥분하기도 했다. 그리고 각종 도서 정보가 다루어진 신문의 서평란을 꼼꼼하게 읽으면서 퇴근 시간에 서점에 들려 살 책들을 메모했다. 신문을 다 읽고 나자 그는 쓰레기 분리함에 신문지를 넣었다. 그것은 한국에서 매일 재활용되는 35퍼센트의 신문지 중 하나가 될 것이다. 그 밖의 다른 신문지들은 매일 쓰레기 매립지로 향한다. 며칠 후에 디젤 엔진을 장착한 트럭이 신문지를 모아 폐지 수거용 창고로 가지고 갔다. 그 신문은 다시 구보 씨가 보는 신문 용지가 되거나 마분지가 되거나 화장지가 될 것이다.

♻ 녹색 시민들이 해야 할 일

- 이웃들과 신문을 같이 구독하라.

- 직장 또는 모임에서 동료들과 공동으로 신문을 구독해서 돌려읽어라.

- 신문을 도서관에서 읽어라.

- 신문을 매일 읽지 않는다면 정기 구독하지 말아라. 꼭 읽어야겠다고 생각할 때에만 신문을 사라.

- 소비자로서 신문사들이 재생 용지를 사용하도록 압력을 넣어라.

- 신문의 대부분을 차지하는 광고와 의미 없는 이야기들을 읽는 대신 주변 사람들과 세상에 더 관심을 기울여라.

티셔츠 T-Shirt

구보 씨는 파자마를 벗고, 티셔츠를 입었다. 자신도 모르는 사이에 그는 굉장히 많은 티셔츠를 사 모았다. 옷장의 서랍을 열다가 구보 씨는 혹시 그들이 서랍장에서 교합하여 아기 티셔츠를 만들어 기른 것은 아닌가 하고 의심했다. 그가 꺼내 입은 티셔츠의 절반은 폴리에스테르로 만들어졌고, 나머지 절반은 면으로 만들어졌다. 무게는 약 100그램 정도였다.

폴리에스테르

구보 씨의 티셔츠 원료가 된 폴리에스테르는 한두 스푼 정도의 석유로부터 만들어진다. 티셔츠를 구입함으로써 그는 인도네시아 근처의 바다 속으로 석유 채취선 아래에 달린 거대한 회전식 다이아몬드 드릴의 날을 보내는 데 돈을 낸 셈이다. 드릴의 날 가까이에 붙은 센서는 2킬로미터 위에 있는 해상의 컴퓨터에 정보를 보낸다. 그것은 계속 바닥을 뚫으면서 노다지를 찾아낼 때까지 이리저리 방향을 바꾼다. 이 거대한 기계는 디젤 기름, 중금속, 물이 섞인 〈착정 이수(석유 시추를 할 때 드릴 구멍에 흘려 넣는 현탁액)〉를 사용한다. 그것은 드릴에 달라붙는 바위 조각들을 씻어내고, 다이아몬드 날을 미끄럽게 하고, 바위와 부딪히면서 생기는 마찰열을 식혀주기도 한다.

드릴이 매장된 석유를 찾아내면, 대형 펌프들이 가스와 원유를 해상으로 끌어올린다. 원유 방울들이 미세하게 드릴, 기중기, 펌프, 파이프 관, 저장 탱크 등에서 새어나간다. 또 원유와 함께 끌어올린 여러 성분들과 함께 착정 이수액이 바다 속으로 퍼져 나간다.

원유에는 다양한 종류의 탄화수소와 적은 양의 불순물들이 들어 있다. 전라남도의 한 해안 도시에 있는 정유 공장은 먼저 부식성 소금을 제거하기 위해 물로 석유를 헹군다. 그러고 난 뒤 원유의 4퍼센트 정도는 나머지 석유를 섭씨 약 400도의 온도로 데우기 위해 소각된다. 그것은 12층짜리 철제 탑에서 이루어지는 정제 과정의 출발점이다.

가장 무거운 타르를 제외한 모든 성분이 증발하면서 높디높은 탑을 따라 올라간다. 높이 올라감에 따라 그들은 점차 차가워지고, 성분별로 다시 농축되기 시작한다. 가장 무거운 탄소 화합물이 먼저 아래층에서 농축된 후에 고안된 장치에 따라 밖으로 배출된다. 그들은 왁스나 윤활유로 가공될 것이다. 가벼운 탄소 화합물들은 더 높은 곳까지 올라가고, 여러 번에 걸쳐 에너지 집약적인 공정을 거친 후에, 다양한 등급의 석유가 되거나 폴리에스테르와 같은 석유 화합물의 원료가 된다.

➤ 폴리에스테르 만들기

석유 매립지로부터 의류 공장 문까지, 구보 씨가 입은 셔츠의 원료가 된 폴리에스테르를 만드는 과정은 폴리에스테르 무게의 약 4분의 1에 해당하는 질소, 유황 산화물, 탄화수소, 먼지, 일산화탄소, 그리고 중금속을 대기 속에 방출했다. 이러한 오염 물질들은 호흡을 곤란하게 하고 심장과 폐 질환을 일으키며 면역 체계를 파괴한다.

폴리에스테르를 만드는 것은 그 무게의 10배에 해당하는 이산화탄소를 방출한다. 이산화탄소는 대기 중에 온실효과를 일으켜 지구의 기후를 불안정하게 한다.

석유 화합물을 만드는 데 쓰이는 정제된 기름은 겨우 3퍼센트에 지나지 않는다. 정제된 기름의 대부분은 휘발유와 디젤이 된다. 그러나 철강 산업을 제외한다면, 정유 산업은 다른 어떤 산업보다 많은 공해 물질을 대기 속으로 방출한다.

정유 공장은 고온에서 미량의 탄화수소들을 티셔츠에 들어간 폴리에스테르를 만드는 데 쓰이는 에틸렌과 크실렌과 같은 가볍고 작은 분자들로 〈쪼갠다〉. 정유 공장 근처에 있는 한 석유 화학 공장은 열과 중금속 촉매의 도움으로 에틸렌을 카드뮴 아세테이트 같은 에틸렌글리콜로 변화시킨다. 촉매는 놀라운 것이다. 그것들은 자신은 다른 것과 반응하지 않으면서 화학 반응을 촉진한다. 따라서 이론적으로 볼 때, 촉매들이 정말 아무것과도 반응하지 않는다면, 적은 양으로도 영원히 사용할 수 있을 것이다.

다양한 고온 화학 반응을 통해, 석유 화학 공장은 크실렌을 DMT(디메스옥시트리틸)로 변화시킨다. 그러고 나서 DMT와 에틸렌글리콜을 화학적으로 합성해 PET(폴리에틸렌 테레프탈레이트 수지)를 만들어낸다. PET는 음료수 용기, 옷 등을 포함하여 수만 가지 플라스틱 제품들에서 흔히 발견되는 가장 보편적인 석유 화학 제품의 하나이다. 한국은 1998년만 해도 1인당 약 1,500킬로그램이 넘는 744만 6천 톤의 플라스틱을 생산한 세계 5대 플라스틱 생산국 중의 하나이다. 이 많은 플라스틱은 일부 수출되기도 하지만, 대부분이 내수용으로 쓰인다. 1998년 한 해만 해도 403만 7천 톤의 플라스틱 쓰레기가 발생했으나, 그 재활용 비율은 15퍼센트에 미치지 못한다. 나머지는 모두 매립되거나 소각되는데, 그에 따른 대기 오염 등 2차 환경 오염 문제가 심각하게 대두되고 있다.

어쨌든 화학 합성 섬유를 만드는 과정에서 극소량의 촉매와 유독성 화합물들이 공장에서 빠져나와 주변으로 흩어져간다. PET는 머리카락 같은 가는 실(폴리에스테르 섬유질)로 바뀔 때까지 가늘게 쪼개진다.

목화

티셔츠에 포함된 60그램 가량의 면은 중국 허베이 평원에 있는 400평방미터의 목화 경작지에서 온 것이다. 이 땅은 먼저 유독성이 강한 살충제로 훈증 소독된다. 비가 내릴 때마다 빗물은 살충제와 토양을 조금씩 황허(黃河)와 연결된 작은 강으로 흘려보내게 될 것이다. 목화씨 역시 그냥 땅에 심지 않고 살균제로 감싼 채 땅 속 깊숙이 심는다. 목화 농업은 연간 세계 살충제 소비의 10퍼센트를 차지한다.

씨앗이 발아함에 따라 농부들은 뒤에 분무 장치가 달려 있는 트랙터를 몰고 와서 제초제로 들판을 뒤덮는다. 어린 면화 묘목과 경쟁하거나 해를 입힐 가능성이 있는 잡초들을 제거하기 위해서이다. 이러한 과정을 거친 땅에 지렁이와 같은 지중 생물들이 돌아와 목화와 같은 식물들과 공생하려면 최소한 5년은 걸릴 것이다. 물론 그 기간 동안에는 전혀 살충제를 쓰지 않아야 한다. 목화를 수확할 때까지 농부들은 대부분이 중추 신경계에 나쁜 영향을 끼치는 유기 인산염 계통의 살충제를 다섯 번이나 더 밭에 뿌리게 될 것이다. 또한 토양에 유익한 유기체, 예를 들면 지렁이와 같은 것들이 완전히 제거된 밭에서는 물이 빠른 속도로 빠져나간다는 점에서 볼 때 목화는 들판의 자연적인 생명력을 잃어버리게 만드는 세계적으로 손꼽히는 관개 작물 중 하나이다.

농부들은 하얀 목화 솜에 얼룩이나 반점이 남는 것을 막기 위해 수확하기 직전 다시 한번 곡물용 분무기로 고엽제를 밭에 뿌린다. 그러나 거의 절반 정도의 고엽제는 목표물을 빗겨가 근처의 들이나 냇가를 떠돌게 될 것이다. 그러고 난 뒤 에어컨이 달린 목화 터는 기계를 운전하는 일꾼들이 목화를 딴다. 이 기계는 20여 개가 넘는 나라에 있는 부품들을 이용해 중국에서 조립된 것이며, 타클라마칸 사막 근처의 정유 공장에서 정제한 디젤 기름을 사용해 움직인다.

목화 기계는 목화씨로부터 섬유질을 분리한다. 섬유질을 제외하고 남은 부분은 요리용 기름과 가축들에게 먹일 사료를 만들기 위해 압축된다. 깨끗한 섬유질은 그것들을 잘 고르고 난 후, 폴리에스테르 섬유질과 섞어서 실로 돌돌 말

아주는 칭다오에 있는 한 제사 공장으로 수송된다. 그 공장에서는 그것들을 실을 다루기 쉽게 만들어주는 폴리스티렌과 함께 처리할 것이다.

염료들

제사 공장 근처에 있는 방직 공장에서는 면과 폴리에스테르 실을 섞어 직물을 만든다. 그 과정에서 마찰을 줄이기 위해 광물성 기름이 계속해서 기계 안으로 뿌려진다. 그렇게 해서 직물 제조 과정이 끝나고 나면 노동자들은 기름을 닦아내고, 직물을 표백하고, 염색하며, 염소, 크롬, 방부제 등과 같은 화학 물질들로 그것을 마무리한다. 그러나 면에는 색을 입히기 어렵다. 직물에 뿌려진 염료의 3분의 1은 착상되지 않고 물에 씻겨 내려간다.

바느질

이렇게 해서 생산된 직물은 곧바로 칭다오에 있는 한 의류 회사의 봉제 공장으로 운반된다. 한국인 소유의 그 의류 회사에 일하는 중국 여성 노동자들은 직물을 자르고 셔츠로 만들기 위해 바느질을 한다. 그들의 임금은 시간당 약 1,500원 정도이다. 그들은 인도네시아에서 생산된 나왕 나무판 위에 완성된 구보 씨의 티셔츠를 올려놓고, 한국에서 수입된 폴리에틸렌 봉지로 그것을 포장한 후, 역시 한국에서 수입된 골판지 상자 안에 그것을 겹쳐 쌓는다.

이 상자는 근처의 항구까지 트럭으로 운반된 후, 거기에서 배에 실려 한국의 인천항으로 수송된다. 그리고 세관을 통과하자마자 다시 트럭에 실려 서울 근교의 한 창고로 운반된다. 마지막으로 그것은 창고에서 나와 서울 도심의 한 백화점 진열대 위에서 150와트짜리 강력한 조명등의 빛을 받는다. 구보 씨가 티셔츠를 발견한 곳이다. 그는 그 황토색 빛깔이 마음에 들어서 그것을 샀고, 서울 근교의 한 재생용지 공장에서 생산하여 납품한 종이 가방에 들고 차를 타고 집에 가지고 왔다.

세탁

커피를 마시다가 구보 씨는 실수로 티셔츠에 커피를 엎질렀다. 그래서 그는 다른 셔츠로 갈아입어야 했다. 구보 씨는 커피가 묻은 셔츠를 들고 세탁실로 걸어가 빨래 통에 넣었다.

퇴근한 후에 구보 씨는 그것을 천연가스를 태운 불꽃으로 섭씨 60도로 데워진 물에 빨았다. 그때 고농축 폴리에틸렌 병에 들어 있는 가루 비누와 표백제가 셔츠에서 커피 얼룩을 제거할 것이다. 구보 씨가 마시다 흘린 커피와 그가 세탁을 위해 사용한 세제, 표백제는 세탁실에 뚫린 작은 구멍을 통해 하수도로 흘러갔다. 그러고 나서 구보 씨는 전기 건조기를 이용해 티셔츠의 물기를 제거했다. 그 건조기는 세탁기가 한 무더기의 빨래를 할 때보다 거의 두 배 가량 더 에너지를 사용한다.

티셔츠가 환경에 끼치는 가장 큰 영향은 바로 세탁 과정에서 일어난다. 티셔츠를 세탁하고 전기로 건조하는 것은 그것을 처음 생산할 때보다 약 10배 가량의 에너지를 필요로 한다.

❯ 햇볕에 말리기

빨랫줄을 이용하자. 빨랫줄은 태양 에너지만을 이용하며, 건조기처럼 옷을 닳게 하지도 않는다. 40분 동안 내리쬐는 햇볕은 1년 동안 모든 화석 연료에서 얻은 에너지보다 더 큰 에너지를 발생시킨다.

이와 같은 티셔츠의 세탁과 건조 과정을 통해 우리는 지구상에서 이용 가능한 에너지를 더욱 적게 만드는 데 동참한다. 또한 세탁은 물을 더럽히고, 오염시킬 뿐만 아니라 세제 포장 용기, 낡은 세탁기와 건조기 등 엄청난 양의 쓰레기를 만들어낸다.

구보 씨는 티셔츠를 건조기에서 꺼냈다. 그러면서 그는 티셔츠 앞에 있는 지나치게 큰 상표를 의아하게 생각했다. 그들은 그가 셔츠를 입고 그들의 상표를 광고해 준다는 점에서 그에게 돈을 지불해야 하지 않을까?

♻ 녹색 시민들이 해야 할 일

- 세탁물이 가득 찼을 때에만 빨래를 시작하라. 따뜻한 물을 사용하지 말라. 따뜻한 물은 에너지를 불필요하게 많이 사용하며, 찬물보다 직물을 더 빨리 상하게 한다. 옷이 진짜로 더러워졌을 할 때에만 빨래하라. 입을 때마다 그것을 세탁할 필요는 없다.

- 새로운 세탁기를 살 때에는 에너지와 물을 적게 쓰는 것을 구입하라.

- 건물이 아니라 당신의 몸을 따뜻하게(/차게) 만드는 데 애써라. 여름에 얇은 티셔츠를 입는 것은 세탁기보다 훨씬 더 많은 에너지를 사용하는 에어컨을 켜지 않도록 만든다. 그와 반대로 겨울에 옷을 하나 더 껴입는 것은 난방 에너지를 절약하는 것이다.

- 중고 상점에서 옷을 사고 팔아라. 최신 유행보다는 복고풍을 즐기는 사람이 되어라.

- 유기농 방식으로 지은 면제품과 염료를 사용하지 않은

면제품을 찾아라. 당신의 선택에 따라 그러한 방식으로 재배된 면이 더 많이 사용될 것이다. 1989년에 미국에는 약 4헥타르의 유기농 목화 재배지가 있었다. 그러나 여러 사람들이 애쓴 결과 1994년에는 그 면적이 720헥타르가 되었다.

- 환경 친화적인 농업을 확산시키기 위해 일하는 단체들을 지원하라.

신발 Shoes

　구보 씨는 크로스컨트리용으로 만들어졌을 것으로 추측되는 신발을 신었다. 오늘은 그것을 신고 출근하려는 것이다. 그러나 그는 크로스컨트리를 하지 않는다. 고등학교를 졸업한 이후에 그는 한번도 그것을 하지 않았지만, 신발의 디자인을 좋아해서 이 신발을 즐겨 신는다.

　전세계에서 소비되는 운동화의 대부분은 그들이 본래 디자인된 목적에 맞게 이용되지 않는다. 미국의 유명한 운동화 업체인 LA 기어의 고위 관리는 이렇게 말했다. 〈용도에 맞는 신발만을 신는다면, 아마 당신은 한두 켤레의 신발만 있으면 충분할 것입니다. 그러나 당신이 패션을 이야기하는 것이라면, 아마 몇천 켤레의 신발로도 부족할 것입니다.〉 한 설문조사에 따르면, 미국 여성들은 평균 15 내지 25켤레의 신발을, 남성들은 6 내지 10켤레 정도의 신발을 가지고 있다. 한국은 이에 대한 자세한 통계 자료가 제출되어 있지 않지만, 그에 못지 않을 것이다. 한국인들은 아이들의 책을 구입하는 데 쓰는 비용의 몇 배나 되는 돈을 아이들의 신발을 구입하는 데 쓴다.

약 500그램 정도의 무게가 나가는 구보 씨의 신발은 대부분이 합성 섬유로 만들어졌다. 한국에서 판매되는 대부분의 유명 브랜드 운동화와 같이, 그의 신발도 브랜드의 소유자와 생산자가 다른 OEM 방식에 따라 생산되었다. 이 신발은 인도네시아 자카르타 외곽에 위치한 한국인 소유 회사에서 조립된 것이다. 그러나 거의 모든 부속품들은 다른 지역에서 온 것이다.

오리건 주의 포틀랜드에 있는 신발 회사는 이 신발을 연구하고 디자인하고 재료들을 결정했고, 타이완에 있는 컴퓨터 그래픽 디자인 회사에 인공 위성을 이용해서 그 프로젝트를 알렸다. 그 회사는 한국에 있는 기술자들에게 그 프로젝트의 내용을 팩시밀리로 전송했다.

1980년대에 한국은 운동화 수출의 선두 주자였다. 그러나 1987년부터 시작된 민주화 운동과 거센 노동 운동, 경제 발전으로 인해 신발업계 노동자들의 월급은 단기간 내에 두 배 이상 올랐다. 그러자 신발 회사들은 노동력이 더 싼 중국과 동남 아시아로 공장을 옮기기 시작했다. 그 후 3년 동안,

한국 신발 업계의 고용은 4분의 3까지 떨어졌고, 거의 40만 명에 달하는 사람들이 직장을 잃었다.

❯ 지구 전체를 떠돌아다니는 산업

신발 산업은 그 부품을 제조하고 완제품을 조립하는 장소가 전세계에 퍼져 있는 글로벌 산업이다. 아마도 하나의 물건을 생산하기 위해 이처럼 지구 전체를 이용하는 산업도 드물 것이다.

자유롭게 지구 전체를 떠돌아다니는 오늘날의 기업들에서는 단일한 정부, 단일한 노동조합 등이 세력을 가지는 것이 어렵게 된다. 만약 노조나 정부가 어떤 정책을 지나치게 밀어붙이면, 그 기업은 좀더 자유로운 기업 활동을 보장하는 곳으로 옮겨가거나 적어도 그렇게 하겠다고 위협할 것이다. 따라서 완제품에 대한 쇼핑이라는 일종의 투표 행위에 의해, 소비자들은 기업들의 행동을 규제하는 데 가장 큰 영향력을 갖는다.

가죽

구보 씨의 신발은 로고가 달린 위쪽의 덮개, 충격 흡수를 위한 중간창, 가장 밑바닥에 있는 바닥창 등 세 부분으로 나누어진다. 덮개 부분은 약 20여 개의 부품들로 이루어진다. 그 대부분은 소가죽이다. 소는 텍사스의 한 목장에서 사육되어 대량으로 도살되었으며, 죽자마자 가죽이 벗겨진다. 그리고 남은 시체의 대부분은 사람이나 가축들이 먹는 음식이 된다. 가죽은 소금으로 씻어낸 후 6미터짜리 컨테이너에 750여 장의 다른 소가죽들과 함께 차곡차곡 쌓인 채 기차에 실려 로스앤젤레스로 운반된다. 거기에서 다시 배에 실려 한국의 부산으로 수송된다. 대부분의 미국 가죽들은 무두질을 위한 값싼 노동력을 제공하며, 환경 규제가 엄격하지 않은 해외로 수출된다.

무두질은 가죽을 부드럽게 하고 가죽이 썩는 것을 막는다. 과거에 무두질이라 함은 짐승의 가죽을 나무껍질과 바나나 등의 식물에서 뽑아낸 타닌에 담가두는 것을 뜻했다. 그러나 오늘날의 무두질은 커다란 회전식 패들(통)에 가죽을 넣고 크롬과 수산화칼슘을 포함하는 강력한 화학 약품들을 이용하는 20단계의 과정을 필요로 한다. 탈모, 산성화, 묽은 산 용액으로 닦기, 무두질, 재무두질, 염색, 매끄럽게 하기 등의 과정을 거치는 크롬 무두질은 하루 만에 끝낼 수 있지만, 식물성 타닌을 이용한 무두질은 몇 주씩 걸린다.

무두질 공장이 털, 외피, 가죽 찌꺼기 조각, 가공 처리한 화학 약품 등을 낙동강에 방출하는 동안, 부산의 노동자들은 자카르타로 향하는 비행기에 무두질된 가죽을 실었다.

한국의 수돗물은 대부분 중금속 등으로 더러워졌기 때문에 식수로는 적합하지 않다고 알려져 있다.

합성섬유

가죽을 제외하면 구보 씨의 신발은 대부분 석유를 기초로 한 화학 물질들로 만들어졌다. 중간창은 특수하게 설계되어 주문된 여러 물질들의 합성물인 EVA(에틸렌 비닐 아세테이트)를 성분으로 한다. 에틸렌은 중간창을 모양에 맞춰 자르기 쉽게 만들고, 비닐은 그것에 탄성을 부여하며, 아세테이트는 그것을 질기고 팽팽하게 만든다. 이 화학 물질을 만드는 과정에서 가장 눈여겨봐야 할 것은 에틸렌이다. 이 무색의 기체는 약간 달콤한 냄새를 풍기지만 지독한 유독성 가스이다. 그것은 사우디아라비아 산 석유를 정제하는 한국의 한 정유 공장에서 분리된 것이다.

상당한 양의 에틸렌이 식초의 주원료인 초산과 비닐 아세테이트를 만들어내는 팔라듐 촉매와 함께 가열된다. 이 과정에 쓰인 초산은 식초에서 추출한 것이 아니라 천연 가스와 일산화탄소의 합성물이다.

노동자들은 에틸렌과 비닐 아세테이트를 색소, 노화 방지제, 촉매와 섞어 틀에 담은 채 굽는다. 화학적 반응이 계속되는 동안 수백만 개의 미세한 가스 방울들이 EVA 속에 화학 거품을 만들기 위해 생겨난다. 그 거품들은 신발을 신을 때 푹신푹신한 느낌을 주고, 달리면서 뒤꿈치가 땅을 찰 때마다 받는 충격(몸무게의 두세 배 정도에 이르는)으로부터 구보 씨의 발을 보호할 것이다.

뒤꿈치 아래쪽에 달린 작은 단추 모양의 부착물은 미국에서 만들어진 유일한 물건이다. 호박색이 감도는 작은 폴리우레탄 단추에 담긴 내용물은 광고에서 선전하는 것처럼 공기가 아니라 비밀 성분의 압축 가스이다.

고무

구보 씨의 신발 바닥창은 부타디엔고무(대표적 합성고무)로 만든다. 이 고무는 사우디아라비아 산 석유와 석탄을 가지고 타이완의 한 공장에서 생성한 벤젠 합성물이다. 그 공장은 타이완의 세 군데 원자력 발전소 중 하나에서 전기를 공급받는다. 농부들이 열대 밀림 속에서 재배한 천연 고무도 있지만, 세계에서 쓰이는 약 3분의 2의 고무는 인조 고무이다. 대만에서 만들어진 그 고무는 커다란 종잇장과 같은 형태로 자카르타로 운반된다.

신발 공장의 노동자들은 기계를 이용해 구보 씨의 신발 바닥에서 볼 수 있는 자국을 따라 신발 모양으로 고무를 자른다. 붕어빵 틀 안에 너무 많은 밀가루 반죽을 집어넣을 때와 마찬가지로 고무의 일부는 테두리 밖으로 스며 나온다. 이렇게 스며 나온 고무가 신발을 만드는 과정에서 생성되는 쓰레기 중에서 가장 많은 양을 차지한다. 그 쓰레기는 전체 고무 사용량의 40퍼센트에 이르기도 한다. 과거에는 이렇게 못 쓰게 된 고무는 쓰레기 매립지로 보내곤 했다. 그러나 오늘날 그것들은 다음 신발들을 만들기 위한 고무 〈반죽〉으로 되돌아간다. 그것은 연간 230톤의 고무를 저축하는 결과를 가져온다.

조립

한국인이 소유한 인도네시아의 공장은 아디다스, 나이키, 리복을 위해 신발을 만든다. 구보 씨의 신발은 유명한 운동 선수들이 광고료를 받고 경기 중에 신는 신발과 비슷한 제품이다.

공장 노동자들은 압축기와 날카로운 칼날을 가진 강력한 기계들을 이용해 가죽을 잘라낸다. 일제 자수 기계는 구보 씨의 신발 측면에 회사 상표를 신속하게 부착한다.

이러한 하이테크 장비에도 불구하고 신발의 부분 부분들을 하나로 이어 붙이는 수작업은 여전히 남아 있다. 그 수작업 과정에서 수백 명의 젊은 자바 여인들이 가죽을 자르고, 바느질하고, 위쪽의 덮개와 바닥창을 함께 붙인다. 공기

중에는 페인트와 본드 냄새가 넘쳐났고, 실내의 기온은 섭씨 40도 가까이 올라간다. 공장 노동자들은 대부분 싸구려 고무 샌들을 신었다. 그들이 만든 구보 씨의 8만 원짜리 신발 한 켤레를 사려면 그들은 한 달 월급보다 많은 돈을 지불해야 할 것이다. 그들은 인도네시아의 최저 임금에 해당하는 시간당 650루피아, 약 500원의 임금을 받는다.

▶ 노동 착취

다국적 신발 회사들은 자신들이 제3세계의 노동자들을 고용함으로써 그들에게 이익이 된다고 주장하거나 제3세계의 하청업체들이 고용한 노동자들에 대한 대우에 큰 영향을 미치지 않는다고 주장한다. 또는 그들은 제3세계에 있는 자신의 공장들이 (인권에 대해 별 관심이 없는) 그 나라 정부의 노동법을 충분히 존중하고 있다고 주장한다. 그러나 자카르타 신발 공장에서 일하는 스무 살의 노동자 라만은 이렇게 말한다. 〈우리는 인도네시아 정부의 보호가 필요하다. 우리는 인권을 부정하는 인도네시아 정부가 가져다줄 이익을 얻고자 애쓰는 외국 회사들이 인도네시아로 오는 걸 바라지 않는다.〉

마치 디스코텍과 같은 희미한 불빛 아래에서 신발 공장의 노동자들은 반짝거리는 접착제를 신발 중간창에 칠한다. 잠시 후에 그것은 구보 씨의 신발 바닥창에 붙여지게 될 것이다. 접착제에는 빛을 내는 염료가 들어 있다. 그래서 어두컴컴한 불빛 아래에서도 노동자들은 접착제가 표면 전체에 골고루 뿌렸는지를 쉽게 확인할 수 있다. 그 동안 다른 노동자들은 바닥창 위에 접착제를 칠한다. 그들은 고무를 녹이는 유독성 접착제와 무독성 수성 접착제를 섞어서 사용한다. 바닥창과 중간창이 단단하게 접착되자, 노동자들은 구보 씨의 신발 모양을 다듬고, 반짝반짝하게 광을 내고, 레이스와 안창을 부착한다.

전직 군인이었던 한국인 사장이 정한 공장 내 규율은 학대라고 생각할 만큼 엄격하다. 그러나 노동자들은 터무니없이 적은 봉급이나 불법 행위, 때때로 그들이 해야 했던 반강제적인 시간 외 근무 등에 대하여 항의할 수 없다. 그랬다가는 금세 그들은 다른 사람들로 대체될 것이다(인도네시아에는 더 값싼 노동력도 남아도는 상태이다). 또한 그러한 가혹한 노동 조건을 입밖에 내는 것은 해고를 당하거나 심지어 그들의 인생에 더 나쁜 일이 도래할 수 있음을 뜻한다. 인도네시아 군부는 노동자들의 투쟁을 심문, 협박, 심지어 살인을 통해 주기적으로 중재한다. 그들은 심지어 일당 2,500원에 지나지 않는 급여도 경쟁자인 인도나 베트남 같은 저임금 국가들에 비해 지나치게 높다고 믿는다.

유독성 가스가 일부 근로자들의 건강에 문제를 일으키곤 하지만 신발 공장은 그다지 큰 오염을 유발하지는 않는다. 그것은 정유 공장이나 발전소에 비해, 그리고 신발의 원재료를 생산하는 무두질 공장에 비해서는 아주 적은 에너지만을 소비한다.

상자

마지막으로 노동자들은 구보 씨의 신발에 수마트라 섬의 밀림에 빽빽하게 들어찬 나무로부터 생산된 가벼운 종이를 채운다. 그러고 나서 그들은 신발을 종이 상자 안에 넣는다. 그 상자는 피드백 장치를 통해 생산 과정에서 발생하는 모든 종이 찌꺼기를 재활용하는 뉴멕시코의 한 제지 공장에서 만든 것이다. 그 공장은 근처의 발전소에서 얻은 증기로 기계를 움직인다. 구보 씨의 운동화를 생산하는 다국적 기업이 쓰는 모든 신발 상자는 이 제지 공장에서 만든다.

이 상자는 100퍼센트 재활용된 종이를 원료로 하는, 표백되지 않은 마분지로 만든 것이다. 마분지의 표면에는 주름이 잡혀 있는데, 그것은 주름 없는 마분지로 종이 상자를 만드는 것보다 펄프를 10퍼센트나 적게 사용한다. 상자의 생산 과정은 옛날보다 많이 좋아졌다. 플라스틱 손잡이 대신 끈이 달려 있고, 상자를 붙일 때에는 유독성이 없는 접착제를 쓴다. 또한 바깥쪽의 무늬와 문구는 중금속을 포함하지 않은 잉크로 그려진다.

접혀진 빈 상자들은 대량으로 로스앤젤레스에서 태평양을 가로질러 운반된다. 그 상자에 담긴 신발들은 6미터 크기의 컨테이너 5천여 개를 실은 대형 선박 안에 실려 북쪽으로 운반된다. 첫번째 항해는 3주가 걸리고, 두번째 항해에는 1주가 걸린다.

신발 끈을 묶다가 구보 씨는 엄지발가락 부근에 나 있는 작은 구멍을 발견했다. 그것으로 미루어볼 때 이 신발은 일년을 넘기지 못할 것이다. 신발은 신문과 같이 하루도 지나지 않아 쓰레기통 속으로 들어가는 것들보다는 훨씬 오래가는 것이지만, 구보 씨가 바늘을 찾아 그 구멍이 커지기 전에 꿰맨다면 더 오랫동안 쓸 수 있을 것이다. 어쩌면 구보 씨는 더 부드럽게 걸음으로써 8만 원을 절약하는 동시에 신발의 수명을 늘려줄 수도 있을 것이다.

♻ 녹색 시민들이 해야 할 일

- 즉시 신발장에 있는 신발을 세어보아라. 과연 당신은 얼마나 많은 신발이 필요한가?

- 오래 신을 수 있는 신발을 사라. 신발이 닳으면 고쳐 신

어라. 수선은 물건을 재활용하는 유력한 방법이다.

- 멀리 외국에서 만들어진 것이 아니라 당신이 사는 지역에서 만들어진 제품을 구입하라.

- 중고 신발을 사거나 재활용된 원료로 만들어진 신발을 사라.

- 당신의 시간과 돈을 투자하여 국내 또는 제3세계의 인권 단체들을 도와라.

- 당신이 무엇을 입고, 신을 것인가에 너무 신경 쓰지 말아라. 자발적 가난을 서약하라.

자전거와 자동차 Bike & Car

오늘 아침은 따뜻하고 맑았다. 구보 씨는 자전거로 출근하기로 마음먹었다. 구보 씨는 안전모를 착용하고, 집 앞에 세워둔 자동차를 지나 발을 굴렀다. 그는 전에도 몇 번 이렇게 자전거로 출근한 적이 있었고, 그 때마다 기분이 좋아지는 것을 느꼈다. 그러나 구보 씨는 그 기분을 잊고 다시 자동차로 출근하는 쪽을 선택하곤 했다. 아마도 그것은 그의 회사에 자동차로 출근한 사람들을 위한 주차장은 있지만, 자전거를 타고 출근한 사람들이 간단히 샤워를 하고 옷을 갈아입을 수 있는 장소는 없기 때문일 것이다.

에너지

구보 씨는 사무실에서 10킬로미터 정도 떨어진, 자전거로 힘껏 20분 정도 달리면 닿을 곳에 살고 있다. 그 시간 동안 자전거를 타면서 구보 씨는 스파게티 한 접시 정도의 에너지인 210칼로리를 소모했다. 그것은 심지어 걷는 것을 포함해 다른 어떤 형태의 출퇴근 수단보다 적은 양의 에너지였다. 만약 걸어서 출근했다면 그는 지각을 했을 것이며, 그와 더불어 600칼로리의 에너지를 소모했을 것이다.

만약 자동차로 출근을 했다면, 구보 씨는 1리터 정도의 휘발유(사우디아라비아의 사막에서 채취되어 아라비아 해까지 파이프를 이용해 운반된 후, 다시 거대한 유조선에 실려 인도양과 남중국해를 거쳐 경상남도의 한 도시까지 운반되고, 거기에서 여러 과정을 거치면서 정제된)를 소모했을 것이다. 1리터의 휘발유는 그가 자전거를 타면서 소모한 에너지의 약 40배에 달하는 에너지(음식물 에너지가 아니라 화석 연료 에너지이기는 하지만)인 약 8,000칼로리의 에너지를 발산시킨다. 그런 차이가 생긴 것은 혼자 운전할 때 쓰이는 에너지의 95퍼센트는 구보 씨(65킬로그램)를 움직이는 데 쓰이는 것이 아니라 1,450킬로그램이나 나가는 자동차 자체를 움직이는 데 쓰이기 때문이다. 얼마나 낭비인가? 15킬로그램 내외의 자전거는 그것을 움직이는 에너지를 거의 구보의 근육들로부터 공급받는다. 페달을 밟기만 하면 그의 몸은 앞으로 전진하는 것이다.

올해도 구보 씨는 한국의 연평균 주행 거리인 25,700킬로미터만큼 자동차를 몰 것이고, 2.63TOE의 에너지를 소비할 것이다(TOE는 에너지 단위의 하나로, 원유 1톤이 가지고 있는 열량을 뜻한다. 대략 107kcal 또는 전기 4천kw에 해당한다). 또한 그는 수입의 4분의 1을 교통 수단을 이용하는 데 쓸 것이다. 그 중에서 17퍼센트는 직접 자동차를 이용하는 데, 7퍼센트는 그가 사는 물품들의 가격에 포함된 운송비로, 1퍼센트는 여기저기에 붙은 각종 세금으로 나갈 것이다. 자동차를 이용한 구보 씨의 출근 거리는 그다지 길지 않다. 하지만 그는 주말에 차를 많이 탄다. 그가 주말마다 이용하는 대형 쇼핑 센터는 집에서 자동차로 15분 거리에 있으며, 한 달에 한두 번쯤은 차를 몰고 시외로 여행을 하기 때문이다. 또한 그는 집에서 자동차로 30분쯤 가야 하는 거리에 있는 커다란 공원으로 자전거를 타러 가기 위해 운전을 하곤 한다.

오염

자전거를 타면서 구보 씨는 공기를 오염시키지도 않았고(땀 흘리는 것을 대기 오염으로 생각하지 않는 이상), 지구 온난화를 가속화시키지도 않았다. 그는 휘발유를 비롯한 어떠한 화석 연료도 쓰지 않았으며, 가스를 쓰지도 않았다. 또한 구보 씨는 대기 속으로 어떤 유독성 화학 물질도 내보내지 않았다. 그렇지만 그가 회사까지 자동차로 가게 되면, 자동차는 지구 기후를 위협하는 약 2,000cc 가량의 이산화탄소, 건강을 위협하는 약 200cc 가량의 일산화탄소, 그 외에도 매연 형태의 탄화수소와 이산화질소를 약간 내뿜게 될 것이다.

가솔린과 같은 화석 연료는 지구 온난화의 주범인 이산화탄소의 주된 공급원이다. 한국의 자동차 대수는 이미 1천만 대를 넘어섰으며, 연간 평균 주행 거리는 미국의 1.5배, 일본의 2.5배에 달한다. 그만큼 승용차의 이용 빈도가 높다는 뜻이다. 또 자동차 한 대당 연료 사용량도 미국의 1.2배, 일본의 2.5배에 달한다. 한국은 세계 최악의 교통 사고 국가 중 하나이다. 그 결과 교통 사고로 사망에 이르는 사람이 남자의 경우에는 10만 명당 38.4명으로 OECD 국가 중 2위이며, 여자는 10만 명당 14.0명으로 1위이다(1999년 기준). 한편 자동차의 배기 가스 역시 호흡기 질환 등을 유발시켜 매년 수많은 사람들을 죽인다.

물론 구보 씨의 자동차에는 오염 물질들을 줄여주는 장치가 달려 있다. 하지만 그것은 엔진이 충분하게 가열되지 못하는 단거리 주행에서는 제대로 작동하지 않는 것으로 알려져 있다. 한국 자동차의 1회 평균 주행 거리는 자전거를 타고 다니기에 가장 적당한 10킬로미터 이내인 경우가 많다.

도로

구보 씨가 달린 도로는 30센티미터 두께의 아스팔트 도로였다. 그것은 사우디아라비아에서 배로 옮겨온 석유를 경상남도의 한 도시에서 정제하는 과정에서 만들어졌다. 비가 내리는 동안, 도로에서는 자동차나 아스팔트 자체에서 흘러나온 기름 성분들, 겨울 내내 제빙제로 쓰인 염화나트륨, 그리고 길가의 나무와 풀에 뿌려진 농약과 제초제가 하수구를 통해 한강으로 흘러갔다. 사실 거의 모든 차들이 도로 위를 달리면서 독성 물질들을 흘린다. 구보 씨의 차에 주입된 각종 오일들은 자동차 엔진 속에서 타버렸거나 달리는 과정에서 도로 위로 떨어져 사라진다. 자전거를 타고 달리면서 구보 씨는 길 위에서 반짝이는 기름들과 푸른색의 부동액 자국을 여러 번 마주쳤다.

구보 씨의 자전거는 자동차보다 훨씬 작은 공간만을 도로에서 차지했고, 또 보관할 때에도 자동차의 20분의 1에 해당하는 공간만을 요구했다. 사실 근거리에서는 자전거 전용 도로가 한 시간 동안 자동차가 옮길 수 있는 사람 수의 2배에서 6배까지 이동시킬 수 있다. 그러나 한국에서 자전거 전용 도로는 거의 존재하지 않으며, 있는 경우에도 대부분 자동차를 주차시키는 공간으로 활용되고 있다.

강철

　구보 씨의 자전거는 철, 알루미늄, 고무, 플라스틱으로 이루어져 있으며, 약 15킬로그램의 무게가 나간다. 자전거의 프레임은 적은 양의 탄소와 크롬, 몰리브덴과 철의 합금으로 만들어졌다. 이 합금을 만든 곳은 여기저기에서 모아 온 금속 조각들을 녹여서 재활용하는 중국의 소규모 공장이다.

　메인 프레임을 제외한 나머지 부분의 철, 그러니까 자전거 바퀴살을 비롯한 여러 부품들에 쓰인 7킬로그램 가량의 철은 경기도에 있는 한 고철 공장에서 뽑아낸 것으로 배로 실어 중국으로 보낸 것이다. 그 고철 공장에 모여든 각종 고물들은 인부들의 손에 의해 일차 처리된다. 철 성분이 든 금속 조각들은 강력한 자석을 가지고 분리된 후 아치형의 전기 용광로 쪽으로 옮겨진다. 용광로 안에 설치된 세 개의 전극은 원자력을 이용해 발전한 전류를 금속 조각에 보내고, 순간적으로 발생한 강한 열이 그 조각들을 녹인다. 그 과정에서 적은 양의 가스, 유독성 먼지가 발생하고, 쇳물 위를 떠다니는 불순물들이 생겨난다. 다시 그 불순물들을 제거하는 과정에서 중금속 등 약간의 쓰레기가 나온다. 그러나 금속 조각들을 모아 강철을 만드는 것은 광산에서 캐어낸 철광석으로 강철을 만드는 과정에 비해 4분의 1 정도의 에너지가

들 뿐이다.

철광석

구보 씨의 자동차를 이루고 있는 약 1,000킬로그램의 강철 중 3분의 1 정도는 위와 같은 과정을 거쳐 재활용된 것이다. 아치형 전기 용광로에서 금속 조각들을 녹이는 과정에서 4,000cc 정도의 유독성 먼지가 발생한다. 그러나 나머지 강철들은 훨씬 더러운 과정을 거쳐 만들어진다. 그것을 만드는 작업은 울창한 나무숲으로 둘러싸인 오스트레일리아의 한 광산에서 시작된다. 철광석을 캐내기 위해 그 아름다운 숲 한 쪽은 운석이라도 떨어진 것처럼 거대한 구멍이 뚫린 채 붉은 흙을 드러내며, 그것을 나르는 길을 내기 위해 아름드리 나무들은 쓰러지고, 수천 년 동안 커다란 변화 없이 유지되었던 숲 생태계는 파괴된다. 자동차를 만들 수 있을 만큼 큰 약 1,600킬로그램의 철광석은 그 분화구처럼 뚫린 갱도 광산에서 엄청나게 큰 일본제 기계들에 의해 채굴된다. 그것은 채굴되어 세상에 나오자마자 으깨지고, 빻아지고, 자석으로 분리된다. 그 과정에서 생성된 950킬로그램 정도의 쓸모 없는 바위나 돌은 광산 근처에 있는 엄청나게 큰 돌무더기 위로 버려진다. 그리고 트럭에 실린 철광석은 곧장 항구로 향하고, 거기에서 배에 실려 태평양을 건넌다.

태평양을 건넌 거대한 화물선은 철광석을 한국의 경상
남도 남쪽에 있는 한 철강 도시로 실어간다.

그 철강 도시에 위치한 한 제철소의 용광로는 순수한 철
을 얻기 위해 중국에서 수입된 코크스와 강원도에서 채굴한
석회석를 한데 넣고 철광석을 녹인다. 그 과정에서 철광석
안의 불순물들이 녹아서 흘러나온다. 이 불순물은 철 성분
을 다량 함유하고 있기 때문에 나중에 재활용된다. 한데 집
어넣은 코크스를 태우는 과정에서 이산화탄소와 일산화탄
소가 발생한다. 철강 산업은 제2의 일산화탄소 배출원이다.
가장 큰 배출원은 산업이 아니다. 그것은 자동차 배기 가스
이다.

이렇게 해서 용해된 순수한 철은 전국 각지에서 수집한
강철 조각들과 섞이는 새로운 용광로로 들어간다. 용광로
안에서는 순수한 산소가 초음속으로 계속 공급되면서 혼합
물들을 뒤섞고, 강철 조각들을 녹이고, 불순물들을 제거하
는 화학적 반응을 일으킨다.

❯ 코크스

코크스는 가루로 만든 석탄을 산소가 없는 용광로에서
1,200°C의 온도로 가열한 뒤 물 속에서 열을 식혀 만드는 순
수한 탄소이다. 코크스를 만드는 과정은 강철을 제조하는

전 과정에서 가장 오염 물질이 많이 배출되는 과정이다. 가열된 석탄을 식히는 데 쓰인 물에는 휘발성을 가진 유기 혼합물과 유독성 폐기물로 분류되는 물질(이 물질은 암을 일으키는 것으로 알려져 있다)이 다량 섞여 있다. 코크스 용광로에서는 유독성 먼지, 양질의 코크스 입자를 포함한 가스, 유황 혼합물, 독성 화학 물질 등이 대량으로 발생한다. 물론 그 유독성 가스의 일부는 재활용을 위해 수집되지만, 일부는 용광로의 굴뚝을 통해 대기중으로 퍼져 나간다. 미국의 경우, 한 환경 운동 단체의 조사에 따르면, 1993년에 철강업체들이 다른 어떤 산업보다도 많은 65만 톤의 유독성 폐기물을 방출했다.

45분 후에 용광로는 납, 산화철 먼지 등과 함께 일산화탄소를 내뿜기 시작한다. 강철을 만드는 공정이 일차 끝나고 나면 굴뚝 청소부들이 오염 물질을 제거하는 데 적당한 온도로 식히기 위해 배기 가스에 물을 뿌린다. 이 물 중의 일부는 재활용되고, 일부는 매립지에 묻힌다. 전체적으로 볼 때 제철소에서는 구보 씨의 차량에 포함된 강철을 만드는 데 120리터 가량의 물을 사용한다.

강철은 구보 씨의 자동차를 무겁고 튼튼하게 만든다. 구보 씨가 자주 자전거를 타지 않는 이유 중의 하나는 안전 때문이다. 자전거를 탄 구보 씨의 보호 장치는 500그램 정도의 특수 플라스틱 헬멧이 전부이지만, 그가 상대해야 하는 차량들은 대개 1,500킬로그램 이상의 강철 덩어리들이다. 그러나 좋은 자전거 도로가 있는 곳에서 자전거를 타는 것은 자동차를 운전하는 것보다 훨씬 안전하다. 만약 안전 문제를 공동으로 해결하지 않고 스스로를 개인적으로 보호하고자 한다면, 우리는 모두 군용 탱크를 몰고 다녀야 할 것이다.

도색

앞에서 말한 것처럼 구보 씨의 자전거는 중국에 있는 한 공장에서 만들어졌다. 그 공장에 소속된 금속 기술자들은 강철을 자르고 용접해 자전거 뼈대를 만든다. 다른 노동자들이 그것을 넘겨받아 연마하고, 화학 약품을 이용해서 닦는다. 그러고 나서 약품을 용광로에 넣어 말린 후, 플라스틱 수지와 염료를 섞어 만든 가루형 페인트를 뿌린다. 너무 많이 뿌려진 가루들은 바닥에 떨어지지만, 그것들은 재활용을 위해서 수집된다. 구보 씨의 자전거 뼈대는 페인트가 균질적으로 퍼지도록 다시 불에 구워진다. 그러나 액상 페인트와는 달리 가루형 페인트를 칠한 외막은 휘발성 유기 화합물을 만들지 않으므로 아무런 대기 오염도 유발하지 않는다. 또한 그들은 굽는 과정에서 아주 적은 양의 에너지를 사용한다. 휘발성 유기 화합물은 햇빛과 반응해 매연을 유발한다. 어떤 액상 페인트는 신장과 중추 신경계를 약하게 하고, 그 것에 치명적인 손상을 입히며, 천식과 어지럼증, 피로를 야 기한다.

구보 씨의 자동차 본체는 경상남도의 남쪽 도시에 있는 한 공장에서 도색된다. 노동자들이 기계를 움직여 차체를 이런저런 화학 약품 용액 속에 넣는다. 먼저 표면의 파편을 제거하기 위해 차체를 세정제와 인산염 속에 넣고, 그 뒤에 부식을 방지하고 초벌 페인트의 접착을 돕기 위해 아연염과 크롬산에 넣는다. 그 후에 로봇이 차체를 불에 굽고, 그 과정 에서 많은 휘발성 유기 화합물을 방출한다.

그렇게 해서 반들반들하게 된 차체에 다시 노동자들과 로봇이 여섯 번 더 화학 물질을 바른다. 그들은 먼저 차체가 공기와 접촉하지 않도록 PVC를 포함한 밀폐제를 뿌리고, 그 위에 벗겨짐 방지용 코팅을 한다. 그러고 나서 초벌 페인트 칠이 시작되고, 다시 색깔을 입힌다. 그 위에 투명 코팅이 칠 해지고, 소음 감소 타르가 코팅된다. 너무 많이 뿌려진 액체 들이 바닥으로 흘러내리고, 노동자들은 그것들을 모아 매립 지로 보낸다. 그것은 다시는 재활용되지 않을 것이다. 이 모 든 도색 과정을 거치는 동안 차체는 네 번 불에 들어가며, 그 때마다 대기중으로 독성이 강한 휘발성 유기 화합물을 방출한다. 색깔 입히기는 자동차 조립 공장에서 가장 오염이 심한 과정이다. 염료 코팅은 대기 오염의 주범이기도 하다.

조립

뼈대가 도색되고 나면 구보 씨의 자전거는 대개가 수작업인 조립 과정에 들어가 각종 부품들이 장착된다. 일부 부품들은 한국에서 생산되어 중국으로 수송되지만, 대부분의 부품은 중국 내에서 자체 생산된다.

구보 씨의 자동차를 만드는 조립 공장은 대형 축구 경기장 여섯 배 크기의 면적에 엄청나게 복잡한 기계들을 장착한 거대한 시설이다. 한쪽 끝에서 로봇들이 금속판들을 용접하기 시작한 지 몇 시간이 지나면 5킬로미터쯤 떨어진 곳에서 완성된 자동차가 나타난다. 구보 씨의 자동차는 4천 군데 이상이 용접되어 있으며, 전세계 곳곳에 흩어져 있는 회사들이 공급한 만여 개에 이르는 부품들로 이루어져 있다. 그의 자동차와 그 안에 속한 부품들을 만드는 과정은 차 무게의 100배에 달하는 거의 15톤의 물이 사용된다. 구보 씨의 자동차를 만드는 과정에 숨은 이야기를 합치면 책 한 권을 쉽게 채우고도 남을 것이다.

자동차를 만드는 과정은 이처럼 에너지 집약적이고 환경 오염을 불러온다. 그러나 구보 씨의 자동차가 환경에 끼치는 영향의 대부분은 그가 차를 모는 과정에서 생겨난다. 예를 들면 차를 만드는 과정에서 쓰이는 에너지는 자동차의 평균 수명인 9년 정도에 비추어볼 때 8분의 1 정도에 지나지 않는다. 따라서 구보 씨가 어디를 가고, 거기에 어떻게 도착할 것인지를 결정하는 것이 환경에 더 큰 영향을 미친다. 그러나 어디에 살 것인가를 정하는 것은 그보다 훨씬 더 큰 영향을 미친다. 작년에 시외에서 시내로 이사한 후에 구보 씨는 훨씬 적게 운전하게 되었다.

알루미늄

구보 씨의 자전거에 포함된 3.7킬로그램의 알루미늄은 기어, 브레이크, 바퀴살을 비롯한 여러 부품들에 쓰인다. 경상남도의 한 항구 도시에 있는 제련업자들은 호주산 알루미늄 원광 약 18킬로그램을 가지고 경상북도의 한 원자력 발전소에서 만들어진 전기를 이용해 알루미늄을 뽑아냈다. 원자력 발전소가 환경에 끼치는 영향은 짐작할 수 없을 정도로 크다. 그것은 그것이 있는 땅을 방사능으로 끔찍하게 오염시켜 풀 한 포기 자라지 않는 불모지로 만들며, 암과 백혈병 등을 유발하는 방사능을 미세하게나마 대기 속으로 확산시킨다. 또한 쓰고 난 연료는 극도로 위험한 방사성 폐기물이 되어 두고두고 사람들을 괴롭히며, 발전 과정에서 흘러나

오는 따뜻한 물들은 주변의 하천과 바다의 생태계를 파괴한다.

구보 씨의 차는 피스톤, 바퀴, 기어 등 열두 개 이상의 부품 업체들이 생산한 알루미늄 부품들을 가지고 있다. 55 킬로그램 가량의 알루미늄은 오스트레일리아에서 채굴된 280킬로그램 가량의 보크사이트를 원료로 해서 자전거에 쓰인 알루미늄과 마찬가지로 경상남도의 한 항구 도시에서 원자력 발전소에서 만들어진 전기로 제조되었다. 차의 바퀴 하나만 해도 자전거 전체에 쓰인 것보다 많은 알루미늄이 쓰인다.

▶ 간략한 자동차의 역사

1877년 독일의 니콜라스 오토, 내연 기관 발명.

1886년 독일의 칼 벤즈, 최초의 자동차 발명.

1903년 미국에서 처음으로 시속 35킬로미터를 초과하는 자동차를 적발하기 시작.

1905년 미주리 주 세인트루이스 시에서 최초의 자동차 도둑 발생.

1908년 헨리 포드, 세계 최초의 대량 생산 자동차인 T를 선보임.

1921년 텍사스 주 달라스 시에 최초로 드라이브인 식당

설립.

1940년 펜실베이니아에 최초로 유료 고속도로가 생겨남.

1955년 맥도널드 햄버거 체인점이 최초로 시카고 근교에 개장.

1956년 아이젠하워 대통령, 전국 고속도로망 건설 시작. 미네소타 주 미니애폴리스 시 근교에 최초의 쇼핑 센터 개관.

1990년대 미국에서 이루어진 결혼의 40퍼센트는 차 안에서 청혼한 결과로 보고됨.

1995년 UN은 인간의 활동이 지구 기후를 변화시킨다고 발표. 자동차 운행이 그 근본 원인 중 하나로 지목됨.

합성 화학 물질

구보 씨의 자전거는 나일론 케이블 가이드, 폴리우레탄 손잡이, 비닐과 폴리우레탄 성분의 안장, 혹 같은 모양의 인도네시아산 고무로 만들어진 진흙 방지용 타이어 등 같은 약 3.5킬로그램 가량의 합성 화학 물질을 포함하고 있다.

구보 씨의 자동차 차체가 도색된 후, 노동자들은 헤드라이트, 사이드 미러, 문의 손잡이 등 각종 〈외장용 장식물〉들을 달고, 경상북도의 한 도시에서 만들어져 기차에 실려

온 40킬로그램 가량의 유리를 장착한다. 그러고 난 후 그들은 〈내장용 장식물〉들을 강력한 접착제를 이용해서 붙인다. 경상남도 남해안의 한 도시에서 만들어진 PVC, 일본에서 수입한 기계들로 만들어진 계기반, 자동차 공장 근처에 있는 한 화학 공장에서 생산된 폴리우레탄으로 만들어진 발판 깔개, 경상북도의 한 항구 도시에서 생산된 철강과 중국산 스펀지 및 비닐로 만들어진 좌석, 경상남도의 한 도시에서 생산된 레이온을 나일론으로 꿰매어 만든 카펫이 그들의 손에 들려 차 안을 장식했다. 매년 한국의 자동차 공장들은 석유 화학 공장에서 만들어진 엄청난 양의 접착제를 사용한다.

고무

아마 구보 씨의 자동차에 사용된 가장 큰 합성 화학 물질은 타이어일 것이다. 그의 차에는 약 60킬로그램 가량의 합성 고무가 포함되어 있으며, 그의 자전거에는 약 2.5킬로그램 정도의 합성 고무가 포함되어 있다. 세계 곳곳에서 생산된 합성 고무의 70퍼센트는 자동차 타이어나 다른 부품들에 쓰인다. 미국의 경우, 쓰레기 매립지, 빈 공터, 산골짜기 등에 약 20억 개의 중고 타이어들이 버려져 있다. 그것은 모든 미국인에게 각각 8개씩 나누어줄 수 있는 숫자이다. 한국의 경우, 매년 2천만 개의 폐타이어가 발생하지만 재활용 시설이 크게 부족해 대부분 매립되거나 소각되어 환경에 나쁜 영향을 끼친다.

구보 씨의 자전거와 차는 조립 과정을 거쳐서 서울 근교로 운반되었다. 경상남도에 있는 자동차 공장에서 오는 트럭에는 9대의 차를 실었고, 중국에서 배를 통해 인천항에 도착한 자전거를 서울 근교까지 수송하는 트럭에는 마분지 상자에 든 500대의 자전거를 실었다. 그 상자들은 나중에 재활용되기도 하고, 폐기되어 쓰레기 매립지에서 썩어가기도 한다.

♻ 녹색 시민들이 해야 할 일

- 자동차를 가지고 있다면, 가능한 한 차를 몰지 말아라. 운전을 줄이는 방법 중의 하나는 최소 성능을 가진 차를 소유하는 것이다. 차를 운전하는 것이 큰 기쁨이라면 항상 운전대를 잡고 싶어하게 될 것이기 때문이다.

- 볼일을 한번에 처리할 수 있도록 조정하고, 카풀을 실천하고, 버스나 자전거를 타고 이동한다. 먼곳에 있는 할인 매장보다 근처에 있는 상점들을 다닌다. 가능하면, 대중 교통이 발달한 지역으로 이사한다.

- 좋은 동료는 친한 사람들이 대형 자동차를 몰도록 권하지 않는다. 실정에 맞는 가장 효율적인 자동차를 이용

한다.

- 자동차를 살 때에는 뻔뻔스러운 상업 광고에 속지 않는
  다. 여러 인터넷 사이트나 자동차 관련 잡지들을 읽고
  가능한 한 환경에 영향을 미치지 않는 자동차를 구입
  한다.

컴퓨터 Computer

사무실에 도착하자마자 구보 씨는 책상에 앉아 컴퓨터를 작동시켰다. 전자 우편을 살펴보기 위해서였다. 구보 씨가 파워를 누른 지 몇 초가 지나자, 모니터의 화면은 사용 가능한 메모리의 킬로바이트 수를 올려가며 번쩍거렸다. 그러나 컴퓨터는 자신이 얼마나 많은 부품들로 이루어져 있으며, 얼마만큼의 에너지를 사용하고 있는지에 대해서는 아무 말도 하지 않았다.

전기

형광등 두 개를 켜기에 충분한 150와트의 전기가 컴퓨터를 깨어나게 했다. 미국은 전세계에 보급된 3억 대 이상에 이르는 컴퓨터의 40퍼센트를 보유하고 있으며, 한국은 1999년 말 현재 1천만 대 이상의 컴퓨터가 보급되어 있다. 컴퓨터는 사무실에서 사용되는 전체 전기량의 5퍼센트를 차지하며, 조명은 20 내지 25퍼센트의 전기량을 사용한다.

　모니터 안에 들어 있는 전자총은 20인치 두께를 가로질러 빛을 쏘아내고, 그것은 화면 안쪽에 있는 인광체를 거치면서 화면 바깥쪽에 있는 정밀한 픽셀에 색깔을 입힌다. 구보 씨에게 온 전자 우편은 없었다. 화면에 글자와 그림을 출력하는 것은 그것을 제외한 컴퓨터 전체가 사용하는 것만큼의 에너지를 소모한다. 구보 씨가 다른 일에 몰두하는 동안에도 컴퓨터는 계속 작동되었다. 몇 분이 지나자 〈스크린 보호 장치〉가 화면에 나타나지만, 그 헤엄치는 열대어 이미지는 전기를 전혀 절약해 주지 않는다. 대부분의 개인용 컴퓨터는 켜져 있을 뿐 실제로 사용되지 않는다. 미국의 경우, 전체 컴퓨터의 3분의 1은 일을 하지 않는 밤이나 주말에도 켜진 상태로 방치된다.

　구보 씨의 사무실에서 쓰는 전기는 한국 전역에 있는 발전소들(수력, 화력, 원자력 발전소 등)에서 만들어져, 발전소 내부의 복잡한 경로를 거쳐 밖으로 빠져나와 거미줄처럼 얽혀 있는 송전망과 배전망을 통해 그곳까지 왔을 것이다. 그러나 아마도 그것은 주로 강원도에 있는 엄청난 크기의 댐에 딸린 수력 발전소에서 만들어진 전기일 것이다. 댐이 건설되자 거대한 호수가 형성되어 물 흐름이 약해졌으며, 여름

이면 과거와는 비교할 수 없을 정도로 부영양화 현상이 잦아 졌고 그때마다 물고기들이 떼죽음을 당했다. 또한 댐 밑바 닥에 쌓이는 토사들에는 각종 오염 물질이 축적되고 있으 며, 안개가 자주 끼는 등 국부적으로 기후가 변화되어 주변 지역에서는 농작물의 수확이 감소했다. 또 수많은 고대 유 적들이 댐 건설 과정에서 파괴되거나 물 속으로 사라졌으 며, 동·식물들의 서식처가 사라져 희귀한 곤충들이 멸종하 기도 했다.

컴퓨터 칩

1주일에 40시간씩 구보 씨를 바라보는 베이지 색상의 컴퓨터는 약 25킬로그램의 플라스틱, 금속, 유리, 실리콘으 로 이루어져 있다. 그러나 이 엄청나게 복잡한 기계의 심장 부에는 실리콘과 금속을 결합시켜 회로를 구성한 10그램의 칩이 놓여 있다.

➤ 켜기와 끄기

컴퓨터를 자주 껐다 켰다 하는 것이 기계에 나쁘다고 믿 고 있는 까닭에 사람들은 사용하지 않을 때조차도 컴퓨터를 켜진 채로 내버려둔다. 그러나 그것은 잘못된 믿음이다. 사 용하지 않을 때에는 컴퓨터의 전원을 차단하는 것이 오히려 기계에 좋다. 개인용 컴퓨터는 주로 열과 기계적 스트레스 때문에 고장이 난다. 따라서 컴퓨터의 전원을 내려 그것을 초래하는 시간을 줄이는 것은 컴퓨터의 수명을 연장시키는 결과가 된다.

칩들은 거의 무게가 나가지 않는다. 그러나 칩을 만드는 과정은 컴퓨터의 다른 어떤 부분을 만드는 것보다 많은 쓰레기를 남긴다. 하나의 칩을 만드는 것은 400단계 이상의 과정을 거쳐 그 안에 수백만 개의 전기 스위치들을 내장하는 것이다. 그 기나긴 과정은 강원도의 한 광산에서 채굴된 석영 한 덩이와 함께 시작된다. 모래의 기본 성분인 석영 또는 이산화규소는 지표면에서 가장 풍부한 물질에 속한다. 채굴된 석영은 경상북도의 한 공장으로 옮겨진다. 이 공장에서 석영은 순도 98퍼센트의 규소(실리콘)에 이를 때까지 탄소와 함께 가열된다. 그 과정에서 이산화탄소가 발생한다. 이 순도 98퍼센트의 규소는 다시 염산과 함께 가열되어 순도 100퍼센트에 거의 가까운 〈고순도〉의 규소로 바뀐 채 20센티미터 가량의 실리콘 막대 형태로 식혀진다. 그 과정에서 수소 가스가 발생한다. 수정처럼 보이는 이 막대는 다시 두께가 1밀리미터도 안 되는 웨이퍼(집적 회로의 기판이 되는 얇은 규소 조각)로 잘려지고, 웨이퍼들은 그 표면이 거울처럼 빛날 때까지 화학적으로 연마하고 광을 낸 후 경기도에 있는 칩 공장으로 배달된다.

❯ 팩시밀리

만약 모뎀과 프린터를 이용해서 팩시밀리 전송 내용을 확인하면, 구보 씨는 팩시밀리 기기를 살 필요가 없으며, 재활용이 거의 불가능한 흰색 팩시밀리 용지를 사지 않아도 된다. 만약 파지 뒷면을 전자 우편이나 팩시밀리 내용 인쇄에 사용한다면 구보 씨는 새 종이를 살 필요가 없다. 깨끗한 종이 한 장을 만드는 것은 종이 위에 레이저 프린터로 인쇄하는 것보다 스무 배의 에너지를 필요로 한다.

사실, 보통 컴퓨터 한 대가 한 해 동안 쓰는 종이를 만드는 데 사용하는 만큼의 에너지가 컴퓨터를 가동시키는 데에도 사용된다. 컴퓨터는 종이 없는 사무실이라는 장밋빛 미래를 약속했지만, 실제로는 여러 번의 초안 작성과 사소한 실수를 바로잡기 위한 재인쇄 등 때문에 오히려 용지와 에너지의 사용을 증가시켰다.

칩 공장은 축구장 두 개의 크기보다 더 길다. 그 안에는 전세계에 흩어져 있는 100여 개 이상의 회사들이 만들어 공급한 장비들이 설치되어 있다. 구보 씨의 컴퓨터에 장착된

칩은 공기 중에 1~5개 정도의 먼지들만이 존재하며, 노동자들이 웨이퍼를 오염시키는 것을 막기 위해 가운, 부츠, 장갑을 착용하는 〈클린룸〉에서 만들어졌다. 이 방이 얼마나 깨끗한 상태에 있는가 하는 것은 병원 수술실들에는 30제곱센티미터에 10만여 개의 먼지들이 있으며, 보통의 공기에는 50만에서 100만 개의 먼지들이 있다는 사실에서 잘 알 수 있다. 그러나 그런 청정 상태를 유지하기 위해서는 클린룸 안쪽의 공기에서 먼지들을 특수 여과기를 통해 뽑아내 제거하는 과정이 필요하다. 그러나 그 여과기들은 용해성 수증기나 노동자들이 호흡하는 공기, 그리고 칩을 만드는 과정에서 나오는 유독한 것들을 제거하지는 못한다.

구보 씨의 웨이퍼는 산으로 씻겨진 뒤 가열된다. 현미경을 통해 이를 지켜보던 보호 마스크를 쓴 노동자들은 자외선, 빛에 민감한 화학 물질, 현상액, 웨이퍼 위에 회로 양식을 새겨 넣기 위해 발명된 정밀 기계를 사용한다. 그들은 설계에 따라 웨이퍼 표면에 무늬를 새겨 넣음으로써 고에너지를 가진 기계들이 인광체와 붕소를 주입할 수 있는 구멍들, 나중에는 완성된 칩들을 통해 전기를 운반할 구멍들을 만든다. 이러한 과정들은 각각 여러 번씩 반복되고, 그러한 과정을 거쳐 칩은 기계적 · 화학적으로 깨끗해진다.

구보 씨의 컴퓨터에 들어 있는 칩을 생산하는 과정에서

칩 무게의 약 4,000배에 달하는 40킬로그램의 쓰레기가 나오고, 1.05톤의 물이 사용된다. 그러나 최신 기술로 건설된 웨이퍼 공장들은 그와 같은 성능을 가진 칩을 앞에서 말한 양의 절반도 채 안 되는 쓰레기만 배출하고도 만들 수 있다. 시간이 갈수록 칩 생산 과정에서 배출되는 쓰레기의 양은 갈수록 줄어들 것이다.

그러고 나서 종이처럼 얇은 구리판이 칩의 표면에 붙여지고, 칩의 회로를 연결할 배선 통로를 만들기 위해 화학적으로 부식되며, 표면을 깨끗하게 청소한 다음 절연체로 만들기 위해 산화시킨다. 계속해서 기계들은 얇은 금박을 각 칩의 뒷면에 부착한다. 마지막으로 다시 화학적으로 세정 처리를 하고 난 웨이퍼들은 경상남도의 한 도시에서 만들어진 검은색 폴리프로필렌 거품을 가득 끼운 충격 흡수 장치로 보호된 채 캐나다 산 펄프로 만든 종이 상자 안에 담겨져 트럭에 실린다. 물론 회사는 상자와 폴리프로필렌 거품을 다시 모아 재활용한다.

▶ 컴퓨터와 화학 물질

약 700여 가지에 이르는 다양한 원료와 화학 물질들이 구보 씨의 컴퓨터를 생산하는 데 쓰인다. 그 중에서 절반 정도는 극도로 위험한 것들이다. 컴퓨터 공장의 노동자들은 유독성 화학 물질에 쉽게 노출되며, 사람에 따라 폐 질환, 피부 질환으로 고통받는다. 여성의 경우, 유산할 확률이 높아지기도 한다. 컴퓨터 제조업자들은 그 공장 주변을 광범위한 지하수 오염 지역으로 바꾸고, 유독성 폐기물의 집하장으로 변모시킨다.

지금도 컴퓨터 제조업체들은 화학 물질을 사용하며 그에 따른 오염은 여전히 이 산업의 숨은 문젯거리로 남아 있다. 그렇지만 컴퓨터 제조업체들의 노력에 따라 점차 유독성 물질의 방출량이 줄어들고 있다. 미국의 경우, 컴퓨터 제조업체들은 1990년에 불과 그 3년 전보다 유독성 쓰레기의 배출량을 3분의 2 가량 줄일 수 있었다.

칩 보호 장치

근처에 있는 한 공장에 도착한 웨이퍼는 곧 다른 생산라인으로 옮겨진다. 수력으로 발전된 전기로 움직이는 그 생산라인에는 일본제 로봇이 대부분의 일을 처리한다. 로봇은 웨이퍼를 수백 개의 칩들로 잘라내고, 그 중 하나를 보호 장치에 조립해 넣는다. 칩의 보호 장치는 칩 하나와 프레임, 전선, 플라스틱 상자로 이루어져 있다. 보호 장치는 칩이 컴퓨터의 다른 부분과 접촉하는 것을 막아주는 기능을 한다.

얼굴에 마스크를 쓰고 장갑을 낀 노동자들은 칩 하나하

나를 남아프리카공화국에서 생산된 금으로 싼 미세한 전선들을 달고 있는 주석 프레임과 연결하고, 보호 장치 주변에 플라스틱 화합 물질을 반죽해 넣는다. 금은 너무 비싸기 때문에 조금도 낭비되지 않는다.

비싼 가격 때문에 금광업체들은 약간이라도 금이 있는 곳은 결코 내버려두지 않는다. 그리고 그들이 휩쓸고 지나간 지역에는 유독성 화학 물질에 오염된 거대한 광물 쓰레기 더미와 금을 뽑아내는 데 쓰이는 청산가리가 남는다.

회로판

완성된 칩 보호 장치는 트럭에 실려 다시 그 근처에 있는 컴퓨터 제조 공장으로 옮겨진다. 거기에서 구보 씨의 컴퓨터를 만든 제조업자들은 그 보관 장치를 마더보드, 디스크 드라이브, 키보드 등을 비롯한 여러 부품들 내의 회로판 속에 삽입한다. 몇 달 전에 구보 씨는 메모리를 추가하기 위해 컴퓨터 뚜껑을 열어본 적이 있었다. 그때 그는 대도시의 도로들처럼 복잡하게 얽히고 설킨 미세한 전선들이 지나가는 마더보드에 매료되었다. 컴퓨터 제조업체들은 어떻게 이 복잡한 회로판을 만들어냈을까? 구보 씨는 그것을 알 수 없었다.

그러나 컴퓨터의 핵심 부품 중의 하나인 회로판은 컴퓨

터의 다른 어떤 부품들을 만들 때보다도 더 많은 화학 약품
들을 사용하고, 더 큰 에너지를 소비하며, 더 많은 양의 물을
써서 만들어진다. 그 결과 그것을 만들 때에는 유독성 폐기
물들이 더 많이 만들어진다. 회로판을 만들어내는 기계들은
구리, 섬유 유리, 에폭시수지를 똑같은 크기로 만들기 위해
자르고, 그것들에 구멍을 뚫은 뒤, 깨끗이 씻어낸다. 그 구멍
은 얇은 구리로 도금되고, 보드에는 회로 패턴을 보여주는
희미한 무늬가 새겨진다. 이 과정에서 공기 중으로 미세한
먼지들, 산성을 띤 연기들, VOCs 등과 같은 화학 쓰레기들
이 배출된다.

그러고 나서 보드는 주석이나 납을 이용해 땜질된다.
주석은 말레이시아에서 수입되고, 납은 쓰고 버려진 자동차
용 배터리에서 재활용된 것이다. 미국의 경우, 건전지와 같
은 폐기물에서 뽑아낸 납이 연간 수요량의 60퍼센트를 책임
지고 있지만, 구보 씨가 살고 있는 한국의 경우에는 아직 그
재활용 정도가 미미한 편이다. 납은 유독성이 강하고 합법
적으로 처분하기가 어렵기 때문에, 납의 수요량 대부분을
차지하는 자동차용 배터리들은 한국에서도 점차 사용된 후
재활용되는 추세이다. 그러나 전기 제품에 포함되어 배출되
는 납 쓰레기는 거의 재활용되지 않고 있다. 컴퓨터 안 여기
저기에 퍼져 있는 납땜(이것을 포함해서 한 대의 개인용 컴퓨터

에는 평균 800그램의 납이 포함되어 있다)은 재활용하기에는 비용이 너무 많이 든다.

❯ 구리

컴퓨터 내에 있는 1킬로그램 가량의 구리는 대부분 칠레의 안데스산맥에서 채굴되어 수입된 황화구리에서 추출한 것이다.

만약 광석이 9퍼센트의 구리를 함유하고 있다면(전세계 구리 광석의 평균치), 컴퓨터 한 대를 만들려면 11킬로그램 가량의 구리 광석을 캐내야 하며, 그 위쪽을 덮고 있는 150킬로그램 이상의 흙과 암석을 파내야 한다. 업자들은 구리 광석을 미세하게 빻아 물에 넣은 후 그 속에 기포를 불어넣어 가라앉혀 얻은 황화광을 용광로에 집어넣고 가열한다. 그렇게 가열되는 와중에 불순물은 위로 떠오르고, 순수한 구리는 밑으로 가라앉는다. 그러나 그 과정은 산성비를 유발하는 이산화황이 다량으로 배출한다. 전세계적으로 볼 때 구리 생산 과정에서 방출된 이산화황의 양은 전체 이산화황 방출량의 25퍼센트를 차지한다.

컴퓨터는 자동차(18킬로그램), 집안의 수도관이나 보일러관, 전선들보다는 적은 양의 구리를 함유하고 있지만, 환경에 커다란 영향을 미치는 데에는 충분하다. 1킬로그램 가량의 구리를 얻기 위해 광석을 채굴하고, 분쇄하고, 녹이는 데에는 276리터의 휘발유에 해당하는 에너지가 든다. 금속을 채굴하고 제련하는 과정은 세계 에너지 소비의 약 7퍼센트를 차지한다.

모니터

컴퓨터를 쓸 때, 구보 씨는 칩이나 회로판 등을 보지 않는다. 구보 씨가 주의 깊게 들여다보는 것은 모니터 화면(음극선관)에 무엇이 나타나는가 하는 것이다. 구보 씨의 모니터 화면은 경기도의 한 공장에서 만들어졌다.

그 제조업체는 구보 씨가 바라다보고 있는 모니터의 앞면 유리에 온갖 정보들을 디스플레이하기 위해 많은 화학 약품과 함께 자외선을 사용한다.

버려진 모니터들은 유리 안에 들어 있는 산화납 때문에 유독성 폐기물로 분류된다. 해마다 수십만 대의 개인용 컴퓨터들이 쓰레기 매립지에 묻힌다. 곧 그 컴퓨터 쓰레기들이 잠실에 있는 야구장 만한 면적을 수십 미터 쌓아올린 공간을 차지하게 될 것이다.

❯ 유리

경상북도에 있는 유리 제조업자는 낙동강의 모래와 울

진의 원자력발전소에서 할인해서 보내준 전기를 이용하여 모니터 앞면의 유리를 만든다. 이 유리의 5 내지 10퍼센트는 산화나트륨, 산화칼륨, 과산화바륨 등으로 이루어진다.

음극선관의 측면을 만든 것은 다른 공장이다. 그 유리는 22퍼센트의 산화납(음극선관에서 생성된 X선을 흡수하는)을 포함하고 있으며, 사우디아라비아 산 석유로부터 만들어진 흑연을 입힌 것이다. 모니터는 다섯 가지의 서로 다른 유리들을 포함하며, 그것을 어떤 비율로 섞어 만드는가 하는 것은 제조업자마다 다르기 때문에 낡은 모니터에서 나오는 유리가 재활용되는 경우는 극히 드물다.

선박, 항공, 트럭들을 이용해 전세계에서 온 다양한 컴퓨터 부품들은 그들이 함께 조립될 경기도의 한 공장으로 옮겨졌다. 완성된 컴퓨터는 폴리우레탄 스티로폼과 함께 조심스럽게 종이 박스에 넣어 서울 근교에 있는 대형 창고로 운반되었다. 몇 달 전에 구보 씨는 인터넷에서 그것을 주문했고, 그로부터 며칠 후 트럭에 실려 컴퓨터가 사무실에 도착했다.

전체 무게가 약 25킬로그램에 달하는 그 컴퓨터 한 대가 생산되는 과정에서 약 63킬로그램의 쓰레기가 배출되었고, 2.8톤의 물과 2,300킬로와트의 에너지가 사용되었다(컴퓨터는 평균 사용 기간인 4년 동안 그 에너지의 약 4분의 1만을 사용한다). 그러나 컴퓨터를 만드는 과정에서 발생하는 쓰레기의 양은 갈수록 줄어들고 있으며, 조만간 현재의 절반 정도만 쓰레기를 배출하고도 더 좋은 성능의 컴퓨터를 만들 수 있게 될 것이다.

가령, 진공관을 가진 현재의 모니터 대신 노트북 컴퓨터에 쓰이는 것과 같은 평면 모니터를 만들면 쓰레기의 배출량이 훨씬 줄게 될 것이다.

➤ 플라스틱?

구보 씨 컴퓨터의 몸체는 플라스틱으로 보호된다. 그 플라스틱은 대부분 경상남도의 커다란 항구 도시에서 정제된 사우디아라비아 산 원유로부터 만들어진다. 그 도시 외곽에 있는 화학 공장은 기름을 벤젠, 암모니아, 열, 촉매, 화학 약품들과 섞어 플라스틱 원료로 바꾼다. 이 원료는 고온 고압 상태에서 녹은 채로 주형 안에 주입되어, 컴퓨터 형태로 만들어진다.

플라스틱은 환경 파괴를 일으키는 물질로 악명 높았지만, 때때로 환경 친화적인 영향을 끼치기도 한다. 1868년에 상아의 공급이 심각할 정도로 부족해지자 뉴잉글랜드의 한 당구공 제조업자는 상아를 대신할 만한 적당한 물질을 찾아

오는 사람에게 1만 달러의 상금을 걸었다. 그로부터 몇 년
뒤에 뉴욕 주 앨버니에 사는 한 인쇄업자는 셀룰로이드라고
부른 물질을 제출해 그 상금을 탔다.

세계 최초의 플라스틱인 셀룰로이드는 나중에 영화 필
름에 쓰여졌다. 1850년에 최초로 영국의 과학자가 그 물질
을 발명했다. 그러나 그는 그것이 쓸데없는 것이라고 생각
했고, 그래서 기꺼이 그 특허권을 미국인 인쇄업자에게 팔
았다.

컴퓨터 산업은 새로운 기술을 빠르게 받아들이며, 기존
산업들보다 변화에 대한 거부감이 약하다. 만약 정부와 소
비자들이 환경과 관련된 주의를 주면 그들은 기술 전문가들
을 모아 그 상황을 빠르게 돌파해 버릴 것이다.

구보 씨는 점심을 먹기 위해 밖으로 나왔다. 그의 뒤에
는 컴퓨터 화면이 반짝거리면서 빛을 발하고 있었다.

♻ 녹색 시민들이 해야 할 일

- 프린트를 줄여라. 팩시밀리 대신 전자 우편을 보내고,
  프린트할 때에는 가능한 한 이면지를 사용하라.
- 사용하지 않을 때에는 컴퓨터를 끄거나, 적어도 화면이

라도 꺼라.

- 컴퓨터를 설정할 때에는 가장 에너지를 절약할 수 있는 것을 선택하라. 새 컴퓨터를 산다면 에너지 절약 로고가 붙어 있는 것을 사라.

- 컴퓨터를 업그레이드할 때에는 전체를 교환하는 대신 메모리나 마더보드를 교체하는 방식을 택하라.

- 완전히 새로운 컴퓨터가 필요할 때에는 중고 컴퓨터를 구입해 업그레이드하거나 탁상용 컴퓨터 대신 노트북을 구입하라. 노트북은 탁상용 컴퓨터에 비해 무게는 10분의 1, 에너지 소모량은 3분의 1에 지나지 않는다.

햄버거 Hamburger

구보 씨는 오늘 점심을 서둘러서 먹어야 했다. 그래서 그는 회사 근처의 패스트푸드점으로 향했다. 그곳에서 구보 씨는 치즈버거 하나를 시켰고, 피클을 서비스로 받았다.

쇠고기

햄버거에 들어 있는 100그램 정도의 쇠고기 패티는 경기도 남부에 있는 한 목장에서 길러낸 송아지 고기로 만들었을 것이다. 그러나 그 송아지는 강원도 대관령 근처의 한 목장에서 길러냈을 수도 있다. 이 대규모 목장들은 그곳의 초지를 철저하게 파괴했으며, 특히 엄청난 양의 배설물로 인해 주변의 하천들을 심각하게 오염시켰다. 초지에서 자연스럽게 자라난 풀만으로는 이 송아지들을 충분히 키울 수 없었기 때문에 농장 주인들은 옥수수, 콩, 수수, 감자, 보리 등과

인공 사료를 뒤섞은 복합 사료를 소들에게 먹일 수밖에 없
었다.

곡물

　목장의 일꾼들은 육중한 기계들을 운전해서 도시의 한
블록에 맞먹는 길이를 가진 구유에 복합 사료를 뿌린다. 그
러면 송아지들은 코를 들이밀고 게걸스럽게 그것을 먹었다.
송아지가 먹은 500그램의 사료는 100그램 정도의 살코기 조
직으로 변한다. 미국의 경우, 이러한 종류의 소 목장을 포함
한 각종 동물 사육장들이 매년 전체 곡물 생산량의 70퍼센
트 이상을 소비한다. 그중 가장 많은 곡물을 소비하는 것은
소이다. 미국의 가축들은 미국 내 옥수수 생산량의 60퍼센
트를 소비하며, 그것은 전세계 옥수수 생산량의 25퍼센트에
해당하는 엄청난 양이다. 한국의 경우, 1999년 한 해에만 약
890만 톤(추정치)의 곡물이 사료로 소비되었다. 그 중에서
40퍼센트는 돼지가 먹었으며, 25퍼센트는 닭이 먹었다. 고
기소의 경우, 13퍼센트의 곡물을 소비했지만, 젖소가 12퍼
센트의 곡물을 소비한 것을 감안하면 모두 25퍼센트의 곡물
을 소비한 셈이다. 1999년에 한국에서는 부족해서 수입된
물량을 포함해서 옥수수는 75퍼센트를, 콩은 70퍼센트를,
밀은 50퍼센트를 사료용으로 소비했다.

구보 씨가 지금 손에 들고 있는 100그램 내외의 햄버거용 고기를 만들기 위해 필요한 옥수수들은 미국에서 수입된 것으로, 이만한 양을 수확하려면 네브래스카 대평원의 1.8평방미터를 가득 채워야 했을 것이다. 그 평원 지역은 몇 년 전 친지의 초청으로 미국에 간 구보 씨가 자동차 여행을 하면서 지나쳤던 곳으로, 한없이 계속되던 똑같은 풍경 때문에 너무나 지루했다고 기억되는 곳이었다. 어쨌든 그 드넓은 평야 지대에 자연적으로 형성된 목초지는 실질적으로 전부 단일 경작지들로 전환되었다. 그 끝없이 이어지는 옥수수 재배지를 소유한 것은 지역 주민들이 아니라, 먼 곳에 있는 사료 회사들이다. 단지 지역 주민들은 그 땅을 관리할 뿐이다. 그들은 옥수수를 최대한 수확하기 위해 관개 용수를 끌어들여 물을 공급하고 화학 비료를 써 생장을 돕고 제초제를 포함한 농약을 뿌려 병충해를 예방한다. 그 제초제는 미국에서 가장 많이 살포되는 농약이다. 그것은 음용 우물물에 관한 한 조사에서 두번째로 많이 검출된 농약이다. 사람의 몸 안에 들어가면 제초제는 유방암과 관련이 있는 호르몬 조직을 자극한다. 미국에서 사용되는 모든 농약의 40퍼센트는 인체 내의 호르몬을 모방해서 만들어진다. 제초제도 마찬가지이다. 제초제는 인체에 작용하여 성인들의 생식 장애를 유발하며, 태아 단계의 성장을 저해하기도 한다.

　100그램의 햄버거 고기를 생산하려면 한 컵의 휘발유를 생산하는 데 들어가는 것과 같은 양의 에너지가 필요하다. 그 에너지의 일부는 목장을 유지하거나 고기를 수송하는 데 쓰였지만, 대부분은 사료를 더 많이 생산하는 데 쓰인다.

　옥수수에 살포된 질소 비료는 대개 천연 가스를 응결시켜 만든다. 이 비료는 텍사스 주에 위치한 한 화학 공장에서 만들어진다. 공장의 직원들은 수소를 만들어내려고 천연 가스에서 나온 메탄에 열을 가한다. 그리고 그 과정에서 발생한 수소를 압축하고 가열한 후 공기 중에서 얻은 질소와 합쳐 암모니아를 만들어낸다. 미국의 경우, 1인당 하루에 500그램 정도의 암모니아를 소비한다.

　그리고 직원들은 암모니아를 산화시킨 후, 그 결과물인 질산을 더 많은 암모니아와 결합시켜 질소 비료의 가장 중요한 성분인 질산암모늄(이는 폭약의 원료이기도 하다)을 만들어낸다. 마지막으로 직원들은 질산염 용액을 농부들이 옥수수 밭의 토양에 주입하기 쉽도록 플라스틱 입상체 안에 집어넣는다.

　이렇게 해서 만들어진 질소 비료를 농부들은 옥수수 밭에 시비한다. 그 과정에서 옥수수가 흡수하지 못한 질산염 용액이 지하수 또는 개울로 흘러들어 간다. 물 속에서 질산의 비율이 과다하게 높아지면 물고기를 비롯한 수중 생물들은 질식해 죽게 된다.

햄버거용 고기 100그램을 생산하려면 2천 리터 이상의 물이 필요하다. 네브래스카 평원의 강우량은 그리 크지 않으며, 또 적절한 시기에 비가 온다고 믿을 수 없기 때문에 옥수수 밭 중앙에 있는 스프링클러가 땅 밑의 대수층에서 물을 끌어들여 필요할 때마다 수분을 공급한다. 아마 고기소의 몸무게 중 40퍼센트는 점차 줄어들고 있는 땅 밑의 거대한 대수층에서 뽑아 올린 물로 이루어졌을 것이다.

또한 100그램 정도의 고기가 든 햄버거를 먹었기 때문에 구보 씨 역시 그 무게의 다섯 배에 달하는 표토의 상실에 기여하게 되었다. 미국의 경우, 전체 경작지의 절반은 건초, 곡물 등 사료 작물을 재배하는 데 쓰인다. 건초는 토양을 보존하는 데 도움을 주는 지피 식물이지만 옥수수나 콩 같은 작물들은 그렇지 않다. 그들은 토양을 노출시킴으로써 바람과 비가 쉽게 토양을 쓸어가도록 만든다.

쓰레기

구보 씨의 햄버거는 또한 온실 가스에 해당하는 메탄과 이산화탄소를 발생시킨다. 메탄은 송아지의 위장에 가득 찬 가스와 목장의 하수도 속에서 부패해 들어가는 배설물들에서 생겨난다. 이산화탄소는 화학 비료를 만들기 위해, 또 농장을 유지하는 동력을 공급하기 위해 쓰인 화석 연료에서 발생한다. 그의 햄버거를 만들 때 생겨난 온실 가스의 양은 자동차가 10킬로미터 정도 달릴 때 발생하는 것과 같은 양이다. 한편, 목장의 하수도 속에 있는 배설물들은 질소를 근처의 개울과 지하수로 새어나가게 만든다.

어느 정도 자란 송아지는 도살되었다. 경기도 남부에 있는 한 공장은 고기를 햄버거용으로 쓰기 위해 잘게 다졌으며, 다진 것을 적당한 크기로 잘라 냉동시킨 후 밀랍종이에 싸 포장했다. 포장된 고기들은 다시 대형 트레일러에 실려 여행을 시작했고, 패스트푸드 회사의 보관 창고로 옮겨졌다. 그러자 창고에서 기다리고 있던 작은 트럭이 그것을 다시 구보 씨의 사무실 근처에 있는 패스트푸드 체인점으로 옮겼으며, 그곳에 고용된 요리사는 밀랍종이를 열고 그것을 꺼내 그릴에 기름을 두르고 튀겼다.

치즈

요리사는 구보 씨의 햄버거 위에 오렌지색 치즈 한 쪽을 얹었다. 치즈는 강원도 대관령의 한 목장에 있는 젖소들로부터 만든다. 젖소의 배설물은 빗물에 씻겨 근처의 하천에 흘러들어 물을 썩게 만든다. 농장이 생기기 전만 해도 그냥 손으로 떠서 마실 수도 있었던 그곳의 개울물은 이제 배설물을 먹고 사는 박테리아들이 점령한 죽음의 물이 되었다.

❯ 케첩

케첩은 고에첩(소금절임 생선의 즙액)이라는 중국의 소스에서 유래했다고 한다. 말레이시아와 인도네시아에서 케첩은 장(醬)을 뜻한다. 1700년대 초에 영국의 항해사들은 말레이시아의 원주민들이 사용하던 케첩을 유럽에 들여왔다. 요리사들은 그 맛을 흉내내려고 노력했지만 쉽지 않았다. 그래서 그들은 구하기 힘든 열대성 과일 재료를 버섯, 호두, 오이로 바꾸어 새로운 케첩을 만들었다. 오늘날에는 가장 흔한 재료로 사용하는 토마토는 1790년까지도 케첩에 사용되지 않았다. 그것은 유럽인들이 토마토에 독성이 있다고 믿었기 때문이었다.

요리사는 치즈를 얹은 고기 위에 다시 서울 근교에서 재배한 양상추와 토마토를 곁들였다. 그러나 어쩌면 그것은 비용을 줄이기 위해 중국에서 수입한 것일 수도 있다. 이 신선한 채소들을 재배하기 위해 농부들은 가는 호스에 연결된 수돗물을 수시로 뿌린다.

빵

요리사는 패스트푸드 회사가 대량 생산해서 공급한 빵 사이에 고기를 넣었다. 이 빵은 인천에서 제분된 밀가루를 사용한다. 그 공장에서 쓰이는 밀은 전부 미국에서 수입되며, 빵 한 개를 만들려면 약 0.6평방미터의 토지에서 자란 밀이 필요하다. 미국 여행을 할 때 구보 씨가 본 적이 있는 밀밭은 지평선 이쪽 끝에서 저쪽 끝까지 덮을 만큼 어마어마한 넓이를 차지했다. 이 광대한 밀밭은 토양의 침식을 가속화시켜 토지를 황폐화시키며, 생산량을 유지하기 위해 농부들이 더 많은 비료를 살포하도록 만든다.

포장

계산대의 점원은 구보 씨의 햄버거를 폴리에틸렌 박스에 넣어 두 장의 냅킨과 함께 하얀 종이 가방에 담았다. 냄새가 아주 좋았다.

♻ 녹색 시민들이 해야 할 일

- 간단하다. 소고기를 적게 먹어라. 농장에서 대규모로 사육된 것들은 어떤 것이든지 대부분 자원을 엄청나게 사용하지만, 그 중에서도 붉은 살코기들(돼지고기와 쇠고기)은 낭비가 심하다. 다음에는 야채 토티야(야채를 밀가

루 전병에 싸서 먹는 멕시코 음식)를 먹어라.

감자 튀김 French Fries

구보 씨는 햄버거와 함께 감자 튀김을 주문했다. 물론 구보 씨는 그것이 몸에 좋은 음식이 아니며, 많은 양의 기름과 소금이 들어 있어서 각종 성인병을 유발할 수 있는 음식임을 알고 있었다. 그러나 그것은 구보 씨가 자랄 때부터 자주 먹어온 것들이었고, 앞서 말했듯이 구보 씨는 서둘러 식사를 끝마쳐야 했다.

작은 종이 상자 안에 담은 90여 개의 감자 튀김이 도착했다. 이 상자는 캐나다에서 수입된 표백된 소나무 펄프로 만들었다. 구보 씨의 감자 튀김은 150그램 정도 무게가 나갔다. 그들은 훌륭하게 10센티미터 길이로 맞춰 자른 300그램짜리 감자를 가지고 만들었다.

감자

적갈색을 띤 감자는 경기도 산간에 위치한 한 농원에서 자라난다. 그들은 맥도널드 사를 비롯한 미국의 패스트푸드 체인들이 1960년대 초반부터 선택했던 버뱅크 감자를 대신해서 선택된 것이다. 이는 이 다국적 기업들의 현지화 전략에 따른 것이다. 버뱅크 감자는 요리된 후에도 딱딱한 상태를 유지하기 때문에 감자 튀김에 가장 적합한 감자이지만, 한국에서 생산된 이 감자 역시 그러한 속성을 최대한 살린 개량 품종이다.

감자의 전체 재배 기간은 100일 정도다. 그 사이에 감자에는 수시로 물이 뿌려진다. 감자 줄기가 15센티미터 정도 자라게 하는데, 30리터 정도의 물이 이용된다. 만약 그 많은 물이 한꺼번에 뿌려진다면, 아마도 감자밭은 0.5미터 정도 깊이까지 침수될 것이다. 이 물은 북한강 상류를 가로막아 건설된 댐의 인공 호수에서 끌어들인 것이다. 이 주변은 댐으로 인한 저온 현상 때문에 감자 재배의 최적지로 알려져 있다. 발전과 농·공업용수를 공급하기 위해 건설한 댐 아래의 하천 바닥은 1년에 십여 일 정도는 바싹 말라붙는다.

이 댐으로 인해 북한강 기슭의 생태는 크게 변화했다. 댐에 저장된 물로 인해 많은 산림이 물에 잠겼으며, 안개가 자주 끼고 주변의 온도가 크게 낮아져서 식생과 서식 동물종이 조금씩 변하게 되었다. 또한 댐에서 물이 흘러나오지 않는 기간에 하류의 어느 지점까지는 물 속에 살던 어류들이 전멸하기도 했고, 흐르지 않는 인공호의 물이 자주 부영양화 현상을 일으키면서 썩어들기도 했다. 게다가 양식을 위해 호수에 풀어놓은 외래종 물고기들이 포식자로 돌변해 재래종 민물어족들의 씨가 마르기도 했다.

➤ 소금

염화나트륨(식탁에서 사용하는 소금)은 지구상에 가장 널리 퍼져 있는 무기물의 하나이다. 광산업자들은 암석에서 소금 침전물을 녹이기 위해 지하에 수증기를 주입한다. 그리고 그들은 그렇게 생긴 소금물을 지상으로 끌어올리고 소금을 얻기 위해 그것을 증발시킨다.

전체 소금 생산량의 겨우 3퍼센트만이 음식과 함께 소비된다. 소금은 더 일반적으로 제빙제로 쓰이거나 화학 공장과 플라스틱 공장에 쓰이는 염소를 만들기 위한 원료로 사용된다. 현재까지 세계에서 가장 많은 소금을 먹는 것은 자동차이다. 미국의 경우, 매년 겨울마다 길, 도로, 주차장 등의 눈과 얼음을 녹이기 위해 1인당 65킬로그램의 소금을 사용한다. 이때 녹아서 흘러내린 소금물은 하수도를 통해서 강물로 흘러 들어가 수중 생명체들에게 해를 입힌다.

구보 씨 앞에 놓인 감자는 그 모양과 질이 고르다는 것을 소비자에게 보여주기 위해 화학 비료와 농약을 써서 만들어진다(그 감자들은 그들이 감자였다는 것을 믿기 힘들 만큼 크기와 모양이 비슷하다). 이 화학 약품들을 사용하기 위해 농부들은 전체 생산비의 38퍼센트를 지불한다. 그리고 그렇게 쓰인 질소 화학 비료의 상당량은 지하수로 흘러든다. 질소 화합물이 농축된 지하수는 나중에는 먹기는커녕 관개용으로 쓰기에도 부적당하게 된다.

또한 화학 비료와 농약의 일부는 빗물에 섞여 하천으로 흘러간다. 그 중에는 텔론 2(포유동물에게 유독할 뿐만 아니라 아마도 피부와 폐를 통해 흡입할 경우에 조류에게도 유독한)와 세빈 XLR 플러스(새들에게는 해가 없지만 물고기에게는 대단히 해로운)와 같은 농약도 있다. 환경운동 단체들은 전국의 하천에서 이러한 농업적 오염 물질들을 발견하곤 한다.

과정

디젤 엔진을 단 감자 수확기는 근처의 냉동 공장으로 보낼 감자들을 캐낸다. 대부분이 수분인, 감자 무게의 절반은 냉동 과정에서 사라진다. 그리고 그쪽으로 보내지 않은 나머지 감자들은 일부는 식용으로, 일부는 사료로 팔려 나간다.

› 청색 아기 증후군

워싱턴 주 남동쪽에 있는 도시 지역 세 군데의 신생아 여러 명이 드물지만 심각하게 아기를 괴롭히는 만성 질환인 〈청색 아기 증후군〉에 걸렸다. 그것은 식수 속에 포함된 질산칼륨 때문에 일어난 것이었다. 어두운 피부색의 아기들은 피부색의 변화를 알아차리기 힘들기 때문에 위험성이 더 높았다. 이 도시 지역에 있는 세 군데의 감자밭과 냉동 감자 제조 공장에는 수많은 히스패닉 가족들이 일했다. 이들이 거주하는 지역의 식수용 우물 절반에서 질산칼륨의 수치가 안전한 물 마시기 운동 본부가 권장하는 적정 수치를 초과했다.

구보 씨 앞에 놓여 있는 감자 하나를 씻고 냉동하는 과정에서 3리터 가량의 더러운 물이 생겨난다. 이 물에는 용해된 유기물과 0.3그램의 질산염이 들어 있다. 그리고 그 더러운 물들은 바로 공장 바깥의 감자밭에 뿌려진다. 그 밭에는 아직 감자를 심지 않았고, 그 물은 거의 그대로 지하로 가라앉는다.

냉동

감자를 얼리기 위해 냉동 공장은 감자밭에 물을 공급했

던 바로 그 댐에서 생산된 전기 에너지를 이용한다. 냉동 음식은 신선한 음식을 그대로 먹는 것보다 10배의 에너지를 더 필요로 한다. 1970년대까지만 해도 한국인들이 먹은 감자의 대부분은 신선한 것이었지만, 1990년대의 한국인들은 대부분 냉동 감자를 더 많이 먹게 되었다.

구보 씨의 앞에 있는 감자 튀김은 오존층을 파괴하는 염화 불화 탄소(CFC)를 대체한 수산화 불화 탄소를 냉매로 사용해서 얼린다. 그 과정에서 일부 냉매가 공장을 빠져나간다. 그들은 오존을 파괴하지 않으면서 성층권까지 올라갔지만 온실 효과에 영향을 주는 열을 가지고 있다.

그렇게 냉동된 감자들은 냉장차에 실려 구보 씨가 다니는 회사 근처의 한 패스트푸드점으로 옮겨졌다. 그곳의 주방에서 그들은 경기도 남부의 한 공장에서 생산된 옥수수기름에 튀겨졌고, 전라북도의 해안가에서 생산한 소금이 뿌려졌으며, 충청북도에서 생산된 토마토로 만들어진 케첩과 함께 제공되었다. 그 토마토 케첩은 경상남도의 한 도시에서 생산된 알루미늄과 플라스틱 합성물 봉지에 담겨져 있었다.

♻ 녹색 시민들이 해야 할 일

- 여러분들 국회 의원들이 환경 친화적인 농업을 지원하도록 하고, 그렇지 않은 방식으로 생산된 농업 생산물에

어떠한 형태의 보조금도 지급하지 않도록 요구하라. 그런 곳에 보조금을 지급하는 것은 환경뿐만 아니라 결국 납세자 자신을 해치고, 환경 친화적인 농사꾼들의 경쟁력을 떨어뜨린다.

- 환경에 해로운 패스트푸드를 사먹지 말고 스스로 신선한 유기 농산물을 이용해 음식을 만들어 먹어라. 그리고 일회용 용기가 아니라 진짜 접시 위에 담겨진 음식을 먹어라.

- 여러분이 거주하는 지역에서 생산되는 농산물로 만들어진 음식을 사라. 더 나아가서 여러분이 직접 근처의 농원이나 빈 공간을 이용해 농작물을 길러라. 직접 기르는 채소는 신선하고 태양을 제외한 다른 어떤 에너지도 사용하지 않으며, 빈 땅을 이용하도록 만든다.

콜라 Cola

구보 씨는 주머니에서 동전 몇 개를 꺼냈고, 자판기에서 콜라 캔 하나를 뽑아 자리로 돌아왔다. 구보 씨는 자판기에서 콜라 회사의 로고를 보았고, 그 날 내내 그 짜증나는 동전 소리를 떨쳐버릴 수가 없었다.

그 날 구보 씨가 마신 콜라의 90%는 탄산가스를 포화시킨 남한강 상류에서 끌어온 물이었다. 아직 한국인들은 그렇지 않지만, 미국인들의 경우에는 수도에서 받아 마시는 물보다 탄산이 포함된 물을 더 많이 마신다. 전세계적으로 보면 매일 약 2억 리터의 탄산수를 마신다.

옥수수 시럽

콜라에는 심지어 하늘에서 내리는 비에도 농약이 뒤섞여 있다는 말이 있는 미국 아이오와 주에서 수입된 옥수수로 만들어진 당도가 아주 높은 시럽이 들어 있다. 시럽을 만들기 위해 공장에서는 물, 효소, 산, 열, 분쇄기를 이용하며, 또 옥수수 낟알을 일단 전분으로 만들어 나중에 시럽으로 바꿀수 있는 상태로 만드는 원심 분리기를 사용한다. 미국의 경우에는 옥수수의 두번째 사용처가 바로 시럽을 만드는 것이다. 첫번째로 큰 사용처는 가축 사료로 쓰는 것이다.

구보 씨가 마신 콜라를 만든 공장은 물에 옥수수 시럽, 구연산, 농축된 향(향기, 방부제, 카페인, 인공 색소를 첨가하는 비밀 비법)을 녹인 후, 그 물에 이산화탄소를 포화시킨다. 그 과정에서 쓰이는 이산화탄소는 바로 농약 잔류 물질이 들어 있기 쉬운 바로 그 수입 옥수수를 발효시켜 만든 것이다. 여기에 들어간 카페인은 카페인 없는 커피를 만드는 공정에서 나온 부산물이다.

보크사이트

구보 씨가 마신 콜라는 15그램 정도의 무게가 나가는 알루미늄 깡통에 들어 있었다. 그 중 5그램 정도는 재활용된 캔과 다른 알루미늄 혼합 물질에서 온 것이다. 나머지 10그램은 오스트레일리아 오지에 있는 보크사이트 광물 40그램에서 나온 것이다. 자동차 한 대를 거뜬히 퍼 올릴 만큼 큰 4.5미터 높이의 거대한 기계들이 지하에 있는 바위의 얇은

층에서 광물을 벗겨낸다. 보크사이트 채굴은 지구상의 다른 어떤 광물을 채굴하는 것보다 더 많이 지구 표면을 파괴한다.

광산 근처에서 사람들은 채굴된 보크사이트를 깨고, 물에 씻고, 말리고, 다시 부수고 난 후, 캘리포니아에서 온 고농도의 가성소다와 섞어 가열·압축하고, 다시 방치 및 여과 과정을 거쳐 일본에서 온 수산화칼슘과 함께 볶는다. 그렇게 해서 40그램의 보크사이트는 알루미나라고 불리는, 젖은 설탕 가루처럼 보이는 수산화알루미늄 가루 20그램으로 바뀐다. 이 과정에서 쓰인 부식성 소다는 대부분 재활용을 위해 다시 포획된다. 그 과정에서 금속과 다른 오염 물질들의 혼합물인 16그램의 〈산화나트륨〉이 만들어진다. 화학적 과정을 통해 분리된 이 산화나트륨은 관을 통해 지하의 연못으로 흘러들어 간다.

한국의 화물선은 태평양을 가로질러 이 수산화알루미늄을 경상남도에 있는 한 공단 근처까지 끌고 왔다. 화물선의 선장은 해도와 레이더, 그리고 GPS 시스템을 길 없는 바다에서 그의 행로를 결정하는 데 이용했다. 그리고 그는 이제 방파제 사이를 뚫고 항구로 들어왔다. 이 항구는 커다란 화물선이 정박할 수 있도록 깊게 준설되었다. 그리고 그것은 준설 과정에서 공단에서 흘러나와 바다 밑에 가라앉아 있던 많은 양의 중금속들을 포함하는 오래된 침전물을 휘저어 놓았다. 그리고 그로 인해 주변의 천연 양식장들이 사라졌다.

배가 항구로 들어서자마자 신속하게 하역 작업이 이루어졌고, 수산화알루미늄은 곧 제련소로 옮겨졌다.

❯ 종이처럼 얇은 캔

구보 씨가 손에 들고 있는 캔의 밑바닥은 안쪽을 향해 구부러져 있다. 구보 씨는 콜라 회사가 조금이라도 음료수를 덜 넣으려고 그렇게 만들었을 것이라고 생각했다. 물론 그것은 사실이 아니었다. 콜라 회사가 캔을 그렇게 만들 수밖에 없었던 것은 캔의 두께가 0.1밀리미터밖에 되지 않을 정도로 얇아서 바닥을 구부려 둘 수밖에 없었기 때문이었다. 밑바닥을 평평하게 만들었더라면 아마도 탄산이 바닥을 밀어내 부풀게 하고, 결국 캔을 쓰러뜨릴 것이었다.

그러나 위쪽의 뚜껑은 따는 장치가 달려 있기 때문에 휘게 만들 수 없었고, 두꺼운 알루미늄으로 만들었다. 대부분의 캔은 알루미늄을 절약하기 위해 꼭대기로 갈수록 얇아진다. 위쪽 부분의 직경을 10퍼센트만 줄이면 그 무게는 약 20퍼센트 줄어든다. 이러한 여러 가지 이유 때문에 오늘날의 캔의 무게는 1970년대보다 3분의 1밖에 되지 않는다.

제련

　제련소에서는 수산화알루미늄을 거대한 강철 솥에 넣고 많은 양의 빙정석과 함께 녹인다. 그것들이 충분히 녹고 나자 탄소 전극들(사우디아라비아 산 석유로부터 만들어진)이 솥 안으로 들어가고, 순간적으로 십만 킬로와트에 이르는 전기 충격을 전달한다. 이 어마어마하게 투입된 전기량은 산소 원자로 하여금 알루미늄에서 떨어져 나와 탄소에 붙어 이산화탄소를 형성하도록 만든다. 적은 양의 불소는 탄소에 붙어 과불화탄소(PFC)의 형태(분자마다 이산화탄소의 몇천 배에 이르는 열을 붙들어두는 온실 가스)로 제련소를 빠져나온다. 알루미늄 제련에서 생기는 몇몇 과정은 지구 기후에 이런 식으로 해서 악영향을 미친다.

　알루미늄 제련 과정은 알루미늄이 〈전기 깡통〉이라는 별칭을 얻을 만큼 엄청나게 에너지 집약적인 과정이다. 음료수 캔 하나를 만들기 위해 쓰이는 알루미늄의 제련 과정은 0.25캔의 휘발유 에너지를 소비한다.

전기

　제련소는 원자력 발전소에서 나온 전기를 이용해 하루 24시간 내내 가동된다. 경상남도의 한 공단에 있는 알루미늄 제련소에 공급되는 전기는 경상북도 지역에 있는 원자력 발전소에서 할인된 가격으로 공급된 것이다. 그 원자력 발전소는 방사능 물질인 우라늄을 사용해 발전을 하며, 그 과정에서 환경에 치명적인 영향을 끼치는 방사능 폐기물들을 만들어내며, 그곳에서 배출되는 따뜻한 물은 바다로 흘러나가 해양 생태계를 변화시킨다.

알루미늄 제련소는 이처럼 많은 전기를 사용하지만 그다지 많은 사람들을 채용하고 있지는 않다. 미국의 경우, 오리건 주와 워싱턴 주에 있는 여덟 개의 알루미늄 제련소들은 고작 7,500여 개의 직업을 제공할 뿐이다. 그러나 그 제련소들은 그 두 개의 주에서 사용되는 전력 전체의 16퍼센트를 사용한다. 그것은 1백만 명의 시민들이 쓰는 전력량보다 많은 것이다. 아마 한국의 경우도 크게 다르지 않을 것이다. 원자력 발전소에서 알루미늄 제련소들의 요금을 할인해 주기 때문에 다른 전기 소비자들과 국가가 그 비용을 보상할 수밖에 없다. 매달 시민들은 알게 모르게 알루미늄 제련소에 보조금을 지급하고 있는 셈이다.

캔

제련소에서 나온 상품들(거대한 알루미늄 덩어리)들은 충청북도에 있는 한 공장으로 배달된다. 알루미늄 캔을 만드는 그 공장은 알루미늄 덩어리들을 적당한 크기로 잘라 압축한 후에 얇게 펴낸다. 그리고 그렇게 얇게 펴진 알루미늄 판은 공장 한쪽에서 원통 모양을 찍어내는 거대한 고압 절단기로 둥글게 잘린다. 또 그 공장의 다른 곳에 있는 기계들은 알루미늄 판을 적당한 길이로 자르고 늘려 모서리를 다듬어낸다. 또 다른 기계들은 그렇게 잘려진 알루미늄 판 위에 콜라 회사가 원하는 디자인을 인쇄하고, 인쇄된 것이 쉽게 지워지지 않도록 그 위에 투명 코팅을 입힌다. 그리고 전기 오븐이 인쇄된 것이 마를 때까지 한 번, 캔 안쪽에 뿌려진 합성 코팅을 제거하기 위해 한 번, 그 캔을 두 번 굽는다.

그리고 각각의 공정을 거친 캔의 부품들은 경기도 남부에 있는 콜라 회사의 공장으로 옮겨진다. 그곳에서 거대한 기계들이 얼기 직전의 콜라로 캔을 채우고, 즉시 그 위를 뚜껑으로 덮어 밀봉한다. 캔을 만드는 데 들어간 비용은 그 안에 들어 있는 콜라를 만드는 데 들어간 비용보다 훨씬 크다.

구보 씨는 빠른 속도로 점심을 먹어치웠고, 햄버거 포장지, 냅킨, 감자 튀김 상자, 케첩 포장 용기를 쓰레기통에 버렸다. 그들 중 일부는 쓰레기 소각장으로, 나머지는 트럭에 실려 경기도 김포에 있는 쓰레기 매립지로 옮겨졌다.

구보 씨는 재활용 통에 텅 빈 콜라 캔을 넣었다. 그것은 한국에서 매년 사용되는 11억 개의 알루미늄 캔 중의 하나였다. 1996년을 기준으로 그 중에서 7억 개의 캔들은 매립지에 버려지고, 4억 개의 캔은 재활용된다. 구보 씨의 캔은 재활용 센터로 보내져 잘게 잘리고, 녹여진다. 그리고 쓰레기통으로 들어간 지 두 달만에 그것은 새로운 캔으로 다시 등장한다. 캔을 재활용하는 데 드는 에너지는 새로운 캔을 만들기 위해 채굴하고 제련하는 데 필요한 에너지의 5퍼센트만 든다.

♻ 녹색 시민들이 해야 할 일

- 가능한 한 재활용이 쉬운 병에 들어 있는 음료수를 사라. 병은 재활용 비율이 90퍼센트 정도인 알루미늄캔보다 훨씬 적은 에너지를 소비한다. 알루미늄은 그 가벼운 성질로 인해 에너지가 크게 절약되는 경우에만, 예를 들어 자동차를 만들 때나 자전거를 만들 때에만 사용해라.
- 음료수를 적게 마셔라. 대부분의 경우에 그것은 치익 —하는 소리가 나는 설탕물에 지나지 않는다. 대신 물을 많이 마셔라.

그 끔찍한 소비의 결과를 생각할 때마다 구보 씨는 망연한 느낌에 사로잡히고 했다. 그의 친구 한 명은 일일이 그런 것을 다 생각하면 어떻게 쇼핑하러 가느냐고 놀리곤 했지만, 그 모든 것을 다 알고 난 구보 씨는 죄책감에 가득 차서 물건을 사곤 했다. 그는 농담을 한 것뿐이었지만 구보 씨는 그가 한 말의 의미를 알고 있다. 패스트푸드점에서 산 감자튀김을 한 입 베어 물 때마다 농장 일꾼들의 병든 아이들을 떠올리는 자신을 들여다보는 것은 그리 유쾌한 일이 아니다. 그래서 때때로 구보 씨는 자신이 소비하는 물건들 이면에 깔려 있는 비밀스런 삶을 알게 된 것을 원망하곤 한다. 이제 구보 씨는 물건들을 소비할 때마다 자신에게 묻곤 한다. 〈만약 나도 모르는 사이에 내가 지구를 죽이고 있는 범죄자가 되었다면, 그것은 내 잘못이 아니다. 나는 그저 성실하게 살아가려고 노력할 뿐이다. 잘못된 것은 지구 전체를 둘러싸고 있는 생산과 소비의 시스템이다. 그렇다면 과연 나는 무엇을 해야 하는 걸까? 커피를 마시지 말까? 자동차를 없애버릴까? 환경 운동 단체에 가입할까?〉

소비가 지구 전체의 환경에 끼치는 나쁜 영향들은 대부분 소비자들의 눈에 보이지 않기 때문에 아주 소수의 사람들만이 이 사실을 알고 있다. 그러나 소비의 문제는 이제 전세계인에게 가장 중요한 환경적 도전이다. 세계 인구의 5퍼센트 미만을 차지하는 미국은 세계 전체 에너지의 24퍼센트를 소비한다. 구보 씨가 사는 한국 역시 세계적인 에너지 과잉 소비국에 속한다. 아마 다른 물건의 경우도 그러할 것이다.

최근 발표된 브리티시 콜롬비아 대학의 연구에 따르면, 보통의 미국인도 매년 약 $50km^2$의 농장과 산림에서 생산되는 것과 같은 양의 자원을 소비한다. 구보 씨와 같은 한국인은 아직 그에 미치지 못하지만, 현재와 같은 소비 생활을 바꾸지 않는다면 곧 그렇게 될 것이다. 그러나 전세계인들이 그 정도로 자원을 소비하는 것은 수학적으로 불가능하다. 만약에 그렇게 하려면 지구 네 개만큼의 자원 생산 지대를 필요로 한다. 다른 말로 하면 지금 지구인에게는 지구와 같은 규모를 가진 세 개의 행성만큼 생산지가 부족한 셈이다.

만약 전세계인들이 미국인들만큼 오염 물질을 뿜어낸다면, 그것이 초래할 온실 가스를 흡수하기 위해 적어도 아홉 개의 행성이나 대기층이 더 필요하다. 우리가 조만간 이 부족한 행성들을 마련하지 못한다면 다가올 것은 대파멸뿐이다.

어쨌든 실의에서 벗어나기 위해 구보 씨는 모든 방면에서 애썼다. 그는 자신이 소비하는 물건들을 가능한 한 세심하게 골라 썼다. 신문은 어떤 식으로든 재활용했고, 감자 튀김은 오존을 파괴하는 프레온 가스를 사용하지 않고 냉동시킨 제품만을 골라 먹었다. 또한 구보 씨는 그늘에서 자란 커피를 골라 마셨고, 가능한 한 재생지를 사용하는 책을 읽었으며, 재활용이 쉬운 병에 담긴 음료를 마셨다. 이제 구보 씨는 그를 둘러싼 생산과 소비의 시스템을 개혁할 수 있는 모든 가능성을 주목하게 되었다.

구보 씨는 이제 물건을 소비할 때 그와 마찬가지로 살과 피를 가지고 있는 또 하나의 구보 씨가 그 물건의 생산, 분배, 소비 과정에 있음을 기억하려고 노력하고 있다. 그들 모두가 가능한 한 자연 친화적인 재료들을 쓰려고 지속적으로 애쓴다면, 구보 씨처럼 도덕적인 죄책감에 따르는 고통 없이 커피를 마시고 책을 읽을 수 있을 것이다.

불행하게도, 이제 높은 소비 수준을 유지하는 것이 보다 나은 삶에 대한 환상이 되어버렸다. 전세계인들은 이제 매일 스테이크를 먹고, 한 집에서 차를 몇 대씩 굴리면서 살고 싶어한다. 그러나 미국인들이 매일 자신의 몸무게만큼 소비하는 행위를 지속할 수 없는 것처럼, 그러한 높은 소비 수준을 전세계 사람들이 영위하는 것은 그저 환상일 뿐이다. 자원 소비를 줄이고 삶의 참된 질을 높이는 방향으로 생활 양식을 변화시키지 않는다면 세계적인 생태학적 재앙을 막을 수 있는 가능성은 희박하다.

구보 씨는 세계를 자신의 힘만으로 바꿀 수 없지만, 오늘 그가 자전거를 타고 사무실에 출근한 것처럼 구보 씨가 하는 자그마한 일들이 변화를 이끌어낼 수 있다. 게다가 구보 씨는 자전거 타기를 진심으로 좋아하고 있으며, 그것은 심장을 강하게 움직이게 함으로써 그의 건강에도 좋은 일이다. 또 자전거를 탐으로써 구보 씨는 이웃과 그가 사는 도시에 대해 좀더 친밀함을 느낄 수도 있다.

넓게 말해 하나의 도시가 얼마만큼의 자원을 소비하는가 하는 것은 다음 세 가지 요인에 따라서 결정된다. 인구, 1인당 소비량, 그리고 소비 기술이 그것이다. 개인, 기업, 정부 중에서 누가 지구가 처한 상황에 가장 책임이 있는가를 논의했던 것처럼, 환경 문제 전문가들은 그 세 가지 중 어떤

요인을 가장 주의 깊게 관찰해야 하는 것인가를 오랫동안 논
의해 왔다.

　이러한 논의들은 어떤 측면에서 볼 때 무의미하며, 토
론의 여지가 없는 것이다. 일반적인 경제의 작동 방식과 지
속 가능한 경제의 작동 방식은 너무나 커다란 차이가 있기
때문에 더 이상 환경을 파괴하지 않고도 지속 가능한 발전을
이끌어낼 수 있는 진보적 생활 양식을 도입하는 것은 모든
면에서 필요한 것이다. 인구 증가를 늦추는 것은 필수적이
다. 노트북이나 빨랫줄과 같이 자원의 소비를 줄이는 기술
을 빠른 속도로 보급하는 것도 필수적이다. 그리고 효율적
개선책들을 제시하고, 자연 친화적인 생활 습관들을 통해
개인 소비를 줄이는 것도 필수적이다.

　자전거를 타고 사무실로 가는 길에 구보 씨는 한강 다리
하나를 가로질러 갔다. 그는 그곳에서 차를 타고 다닐 때에
는 전혀 알 수 없었던 수면 높이의 표지판 하나를 보았다. 표
지판은 보트 타는 사람들에게 "흔적을 남기지 마시오"라고
이야기하고 있었다.

　솔직히 말해서 그것은 불가능한 요구이다. 물에서 움직
이는 것들은 모두, 그것이 아무리 작다고 할지라도, 어떤 흔
적을 남길 것이다. 그러나 계속 자전거를 타고 가면서 구보

씨는 그 표지판의 의미를 곱씹어 보았다.

살아가면서 우리는 가치 기준과 행동을 일치시키려고 애쓸 수 있다. 좀더 세심한 소비 생활을 통해 우리는 지구 환경에 끼치는 나쁜 영향을 줄이고, 돈을 절약하고, 타인에게 모범을 보여주며 살 수 있다. 또한 직장이나 의회와 같은 공적인 장을 통해 우리의 소비 형태를 규정하는 사회적 시스템에 대한 극적인 개혁을 주장할 수도 있다.

예를 들어, 알루미늄을 너무 값싸게 만들고, 댐 없는 강을 계속 줄어들게 하는 잘못된 국고 보조금들을 폐지하자고 주장할 수 있다. 또한 세금의 사용처에 대한 철저한 조사를 요구할 수도 있다. 만약 정부가 월급과 이자 수입이 아니라 환경 오염과 자원 고갈에 대해 세금을 부과한다면, 그 돈은 우리가 늘 소비하는 일용품들의 이면에 숨어 있는 환경에 대한 악영향을 조금이나마 줄어들게 할 것이다. 환경에 나쁜 물건들은 더욱더 비싸지고 환경 친화적인 물건들은 좀더 싸져야 한다. 그럴 때 시장의 힘이 소비 형태를 바꾸려는 사람들의 노력을 도울 수 있을 것이다.

만약 어떤 보트가 너무 크지도, 너무 빨리 움직이지도 않는다면, 그것이 남긴 흔적은 다른 보트나 물 속의 오리들을 방해하지도 않고, 강변을 들쭉날쭉하게 만들지도 않을 것이다. 보트와 마찬가지로 구보 씨를 포함한 이 도시의 시민들 모두가 늘 세상에 어떤 식으로든 물결을 만들 것이다. 삶 그 자체가 에너지 소비, 일, 쓰레기 배출 과정이라는 생물학자들의 말처럼 말이다.

하지만 너무 지나치게 많이 소비하는 것은 불가피한 것이 아니다. 그것은 막을 수 있는 것이다. 만약에 지구상에 인간들의 수가 이렇게 많지 않고, 또 이렇게 빨리 소비해 버리지 않았다면, 우리는 지구가 처리할 수 있는 양 이상의 어떤 흔적도 남기지 않았을 것이다.

이제 소비 문제를 진지하게 논의할 때가 되었다. 그 어느 때보다도 더 문제가 되는 기후 변화 같은 생태학적 문제들을 제외하더라도 이제 현대인들의 과도한 소비 성향은 그 매력을 상실했다. 대부분의 시민들은 이미 물질에 대한 지나친 집착 때문에 그들의 삶의 질이 고통받고 있음을 느끼고 있다. 이제 많은 시민들이 더 많은 소비를 위한 노동 시간을 줄임으로써 여유 있는 삶을 추구하며, 돈보다 시간을 택함으로써 그들의 삶에서 균형을 되찾을 방법들을 모색하고 있다. 이렇게 〈자발적 가난〉을 실천하는 사람들은 작은 소비가 더 큰 행복을 가져올 수 있다는 것을 보여줌으로써 언젠가 그들의 생활 방식을 다수의 사람들에게 매력적으로 느끼게 만들지도 모른다.

지구를 과도하게 사용하지 않고 적당하게 사용하는 시민들의 모습을 상상하는 것은 결코 불가능한 일이 아니다. 자전거나 환경 친화적인 농장에서 악영향이 적은 생활 습관까지, 퍼즐의 모든 조각들은 존재하며 세상 여기 저기에 흩어져 있다. 남아 있는 것은 우리들이 그 조각들을 함께 완성하는 것이다.

자전거를 타고 직장에서 집으로 돌아가는 길에 구보 씨는 둔치에 걸려 있는 좀더 현실적인 두번째 표지판을 보았다. 구보 씨는 이것이 주의해서 볼 필요가 있다고 판단했다. 거기에는 〈너의 흔적을 조심하라. 다른 이들 모두가 그랬기를 바라라.〉라고 써 있었다.

♻ 녹색 시민들이 해야 할 일

어떤 것들은 분명히 다른 것들보다 환경에 더 나쁜 영향을 미친다. 앞에서 예로 든 물건들 중에서 자동차는 일상적인 기준에서 보았을 때 환경에 가장 큰 피해를 준다. 대부분의 독자들에게 차의 사용을 줄이는 것은 지구를 살리는 데 가장 중요한 일이다.

사과, 오렌지, 신발이 환경에 끼치는 영향을 비교하는 것과는 달리, 물건들이 환경에 끼치는 나쁜 영향들을 기준으로 해서 물건들의 순서를 정하는 것은 그다지 쉽지 않다. 전세계에서 생산되는 물건들의 생산 과정을 모두 풀어헤쳐서 이야기하는 것은 거의 불가능하다. 어떤 질문들에는 아예 답이 없다. 캐나다의 연어를 위태롭게 하는 것과 타이완의 공기를 오염시키는 것 중 어느 것이 더 나쁜가를 어떻게 결정할 수 있겠는가? 문제는 어떤 것을 선택하는 것이 아니라 여러분들이 물건을 소비할 때 그에 대한 새로운 시각을 갖는 것이다. 먼저 물건들의 이면에 깔려 있는 삶의 과정들을 상상해 보라. 이것만으로도 여러분은 지금보다는 훨씬 더 적게 소비하게 될 것이다.

소비가 환경에 끼치는 영향이 감추어져 있고, 그래서 우리를 때때로 놀라게 하는 것처럼, 그 해결책 역시 놀라울 수 있다. 물이 적게 나오는 샤워기를 이용하는 것은 물을 절약하는 좋은 방법이다. 하지만 가축 사료를 재배하는 데 필요한 물을 줄이기 위해 쇠고기를 적게 먹는다면, 그에 따라 시민 한 사람이 하루에 사용하는 물의 양을 엄청나게 줄일 수 있다. 미국의 경우, 농작물을 위해 쓰는 물의 양은 가정에서 쓰는 물의 양의 3배에 이른다.

물질의 소비를 줄이는 가장 좋은 방법의 하나는 살아가

면서 늘 잊어버리기 쉬운 비물질적인 것들을 생각해 보는 것이다. 때때로 우리는 더 나은 어떤 것이 없기 때문에 소비를 즐긴다. 외로울 때, 불만이 넘쳐날 때 우리는 어느새 물건을 사들곤 한다. 자신이 속한 지역 사회에 만족할 수 없을 때, 우리는 여행을 하게 된다. 가까운 사람들과 정을 나누고 지역 사회를 사람이 살 만한 곳으로 가꾸는 데 전념하는 것은 우리를 행복하게 만들 뿐만 아니라 우리가 알지 못하는 사이에 소비를 줄인다. 〈보상〉과 〈보존〉이 같은 말로 시작되는 것은 그저 우연에 지나지 않을까?

당신은 손에 들고 있는 이 책은 세 가지 종류의 종이, 적은 양의 잉크와 풀, 그리고 수십 명의 노동력을 동원해서 만들어졌다.

본문

이 책을 쓴 것은 앨런과 존이다. 그들은 어떠한 형태의 급여도 받지 않는 순수한 자원 봉사자들(사라, 크리스티, 앵커)의 도움을 받아 약 1년 동안 전화와 컴퓨터를 사용하고, 이미 출판되어 있는 여러 자료들을 이용해 썼다(번역자는 항공 우편을 통해 날아온 이 책을 출판사의 사장으로부터 넘겨받아 매일 한두 잔 정도의 커피를 마시면서 컴퓨터와 영어사전을 이용하여 약 50일간의 작업 끝에 이 책을 옮겼다). 이 책을 쓰는 데 이용한 자료들 중의 일부는 구매했고, 일부는 북아메리카 여러 지역의 나무로 만들어진 종이에 복사되었다. 어떤 자료들은 환경에 거의 영향을 주지 않고, 도서관에서 빌려와서 반납되었다. 이 책은 컴퓨터 세 대(앨런의 탁상용 컴퓨터, 존의 노트북 및 또 다른 탁상용 컴퓨터)를 이용해 썼다. 존이 두 대의 컴퓨터를 쓸 수밖에 없었던 것은 어느 일요일 노스웨스트 환경운동기구 사무실에 강도가 들어서 그보다 한 달 전쯤에 존이 많은 돈을 들이고 산 노트북을 훔쳐갔기 때문이다. 그 때문에 존은 그 후 몇 주 동안 컴퓨터를 이용할 수 없었다. 자원 봉사자인 피터는 전기를 조금 더 쓰는 것을 제외하면 환경에 거의 영향을 끼치지 않는 중고 컴퓨터를 찾는 데 시간을 투자했고, 그것을 찾고 나서는 사무실에 있던 여분의 메모리 칩을 그 컴퓨터에 장착했다.

본문 중에서 이야기했던 운동화와 마찬가지로, 책 그 자체는 노동 집약적 상품이다. 하지만 신발과 달리 책에 들어가는 인건비(연구, 집필, 편집, 디자인, 제작, 배본)는 그 소매 가격을 넘어선다.

대부분의 초안들은 컴퓨터 상에서만 돌려읽었고, 외부에서 재검토하고, 편집할 때에도, 깨끗한 종이가 필요한 디자인 단계에 이르기 전까지는 파지의 뒷면에 인쇄되었다. 우리 사무실에서 쓰는 용지는 적어도 80퍼센트 이상의 재생지가 섞여 있는 종이였으며, 집필과 편집, 디자인 과정에서

쓴 종이 9,000장은 복사할 때에 썼던 종이를 다시 이용해서
상당히 줄일 수 있었다.

본문 용지

여러분의 엄지손가락이 지금 쥐고 있는 부분은 이미 한
번 사용된 종이 쓰레기들로 만들었다. 이 책의 본문 용지는
전라북도에 있는 한 제지 공장에서 만들어졌다. 이 공정에
쓰인 종이 쓰레기의 4분의 3은 서울 곳곳의 쓰레기 분류
처리장에서 수집되었고, 4분의 1은 다른 지역에서 수집되
었다.

이 제지 공장에서 종이 쓰레기 더미는 밑바닥에 거대한
회전 칼날이 달린, 물이 가득 채워진 탱크에서 산산조각으
로 잘려서 펄프로 되돌아갔다. 이 거대한 배합기를 작동시
킨 전기는 아마도 강원도의 한 댐에서 물의 힘을 이용해 발
전될 것의 일부일 것이다. 거리에서 쓰레기들을 모아오는
디젤 트럭이 소비한 에너지를 포함하여, 재생 용지를 만드
는 것은 나무로부터 새로운 종이를 만들고 버릴 때 소비하는
에너지의 55퍼센트만을 사용한다. 또한 재생 용지는 새로운
종이를 만들 때 생겨나는 온실 가스의 4분의 1만을 방출시
킨다.

펄프는 플라스틱을 포함한 갖가지 잔여물을 제거하기

위해 가는 망을 통해 파이프로 흘러갔고, 더러운 물을 빼내기 위해 원심 분리기(세탁기의 회전과 같은)에서 힘껏 돌려졌다. 그 다음에 석유에서 합성한 과산화수소로 표백되었다. 재생 용지를 만드는 제지 공장은 거의 새 종이를 만드는 제지 공장에서 사용하는 만큼 많은 양의 물을 사용한다. 그러나 표백할 때 염소가 아니라 과산화수소를 사용하기 때문에 다이옥신(독성이 강한 유기염소 화합물, 제초제로 쓰임)을 공기나 물 속에 방출시키지 않는다. 재생 과정에서 종이와 잉크를 완전히 분리하지 않는 공정 때문에 겨우 2퍼센트의 종이 섬유만이 사라졌고, 그것은 잉크를 제거하는 과정을 거치는 공정을 택한 것보다 더 적은 침전물을 생성했다. 그 결과 지금 여러분은 이 종이에서 희미한 잉크의 얼룩을 볼 수 있다.

표지

본문 용지와 마찬가지로 표지 용지 역시 과산화수소로 표백되었고, 염소는 전혀 사용하지 않았다. 표지 용지 역시 50퍼센트 정도 종이 쓰레기를 활용한 재생 용지였지만, 그것에는 그에 관련된 어떤 표시도 되어 있지 않았다.

표지 용지의 절반은 전라북도에 있는 제지 회사에서 생산되었으며, 나머지 절반은 아마도 인도네시아나 캐나다의 원시림에서 왔겠지만 원산지가 어디인지를 정확하게 알 수 없었다.

트럭은 표지 용지를 전라북도의 한 공장으로부터 서울 근교의 종이 도매상 창고로 운반했으며, 그 종이 도매상은 다시 그것을 인쇄소가 있는 서울 마포로 트럭을 이용해 실어 날랐다. 내용을 인쇄하는 데 쓰일 본문 용지는 경기도의 한 물류센터에서 배달되었다.

본문 용지는 지금 서점에 깔려 있는 수많은 책들과는 비교할 수 없이 〈자연 친화적〉이었지만, 표지 용지는 재생 용지 함유 비율이 절반에 불과했고 나무로부터 온 천연 펄프를 섞어서 만들어졌기 때문에 그에 미치지 못했다. 제지 공장에서 인쇄소까지의 전체 거리는 350킬로미터 정도였다. 전체적으로 볼 때 이 책에 사용된 종이의 93퍼센트가 재생된 것이다. 그 나머지는 나무로부터 왔다. 오래 자란 나무는 이 책을 만드는 데 거의 쓰이지 않았다.

인쇄

출판사는 이 책의 내용을 컴퓨터 디스켓에 담아 마포에 있는 한 출력소로 보냈다. 그 출력소에서는 이 디스켓의 내용을 PET(“티셔츠” 부분을 참조하시오)와 다른 물질들을 합성해서 일본에서 만들어진 필름에 촬영했고, 그 과정에서 레이저를 사용했다. 이 필름은 다시 인쇄소로 옮겨졌고, 거기에서 필름은 다시 실제로 인쇄에 사용되는 고무판에 전사되었다. 인쇄된 후에 이 고무판은 다시 재활용될 것이다.

❯ 공짜로 책 읽기!!

여러분이 영어를 잘할 수 있다면 이 책의 몇 부분을 인터넷에서(at http://www.northwestwatch.org) 종이도 들지 않고, 요금을 낼 필요도 없이 이용할 수 있다. 그것을 한 시간 동안 탁상용 컴퓨터에서 읽는 데에는 책 한 권을 생산하는 양의 4분의 1에서 10분의 1 정도의 에너지(컴퓨터와 그것을 작동시키는 전기 원료에 따라)가 든다. 그것은 좋은 것이다. 그러나 당신이 컴퓨터에서 그것을 읽는다면 노스웨스트 환경운동기구나 녹색 출판을 지향하는 그물코에게는 아무런 이득이 생기지 않는다는 점에서 그것은 나쁜 것이다.

이 고무판은 그 뒤 전지 크기의 종이에 잉크를 뿌리는 데 사용된다. 표지와 본문은 2도로 인쇄되었지만, 책의 대부분은 검은색 잉크로 인쇄되었다. 인쇄에 사용된 잉크는 약 3분의 2 정도의 콩기름, 10퍼센트의 석유 화합물로 이루어진 용매제, 안료들로 인천의 한 공단에서 생산되었다. 물론 각각의 잉크는 전혀 다른 안료를 함유했다. 경기도 북부의 한 도시에 있는 제조업자는 단숨에 읽으려면 숨이 막힐 만큼 긴

이름을 가진 산을 섞어 석유 화합물들을 이용해 안료를 만들었다. 잉크는 그다지 많이 들지 않았다. 초판 2,000부를 인쇄하는 데 든 잉크는 종류별로 500그램이면 충분했다.

책을 만드는 마지막 과정은 제본이다. 지게차를 이용해서 실린, 인쇄되고 잘려진 본문 용지와 표지 용지들은 디젤 트럭을 통해 인쇄소와 같은 마포 지역에 위치한 한 제본소로 운반되었다. 본문 용지들은 제본기에 차례로 쌓였고, 그 한쪽 옆면은 풀을 칠하기 위해 작은 홈이 파였다. 이 과정에서 사용된 합성 풀은 경기도 북부에 있는 한 공장에서 생산된다. 이 풀은 책이 재활용될 때 쉽게 제거되는 성질을 가지고 있다.

제본을 위해 용지를 조금씩 잘라냈기 때문에 종이 찌꺼기의 형태로 전체 용지의 10퍼센트 정도 쓰레기가 생겼다. 트럭 운전수는 그 찌꺼기들을 모아 그것을 다시 재생 용지 공장으로 운반했다.

그리고 이렇게 해서 완성된 책들은 다시 트럭에 실려서 그물코에서 지정한 일산 근처의 한 창고로 운반되었다. 그것은 다시 배본 업체의 트럭에 실려 전국 각지의 서점으로 실려 갔고, 여러분은 그곳에서 이 책을 구입했을 것이다. 우리는 여러분이 이 책들을 친구들과 함께 돌려보기를 바란다.

옮긴이 약력

고문영은 미국 웨스턴 일리노이 대학에서 관광학을 전공했으며,
현재 아이들을 가르치며 번역을 하고 있다.

녹색 시민 구보 씨의 하루

1판 1쇄 펴낸날 2002년 3월 5일
1판 7쇄 펴낸날 2003년 12월 30일

지은이 | 존 라이언 / 앨런 테인 더닝
옮긴이 | 고문영
펴낸곳 | 그물코
펴낸이 | 장은성
파는이 | 박경만
인쇄 | 대덕 문화사
제본 | 성문 제책사
용지 | 서울지류유통
필름출력 | 문형사

출판등록일 | 2001. 5. 29. (제10-2156호)
주소 | 139-942 서울시 노원구 상계6동 710번지 문화빌딩 507호 5층
전화 | 02_3392_3906
팩스 | 02_3392_3907
e-mail | network7@naver.com

ISBN 89-90090-00-8   03330